● 新制度対応！●
子どもの 笑顔 と
安定経営 が両立する

保育園の作り方

髙橋晃雄 著

新紀元社

はじめに

　政府の「子ども・子育て支援新制度」の一環として、いままで支援の対象外だった「小規模保育」を行う施設を認可して財政支援する新しい制度が、平成27年度から本格的に始まります。本書で「新制度」といった場合には、この「小規模保育」への支援制度を指します。新制度は、27年度の本格始動を待たずに「できる限りの支援策は講じる」とうたわれており、動きはすでに始まっています。

　国の認可制度と財政支援。このキーワードを新たなビジネスチャンスととらえて、これまでにない規模で企業や個人が保育事業に新規参入するでしょう。また認可外保育施設経営者の多くも、保育の質の向上と経営の安定化のために制度の利用を考えていることでしょう。

　保育事業という子どもを育む素晴らしい事業をしっかりと継続していくためには、国による財政支援は不可欠です。しかし、その財政支援によって生じるお金を利益とするか保育の質の向上に役立てるのかは、経営者しだいです。願わくばひとりでも多くの経営者が儲けよりも、保育の質の向上を優先することを願っています。

　本書は、新制度を使って、儲け優先よりも質のいい保育園を安定的に運営したい方に向けて書き上げました。

　また保育士の人たちにも是非読んでいただきたいと思います。なぜならこの新制度により、保育士経験を活かして起業し、小さくても自分の保育園を運営できるチャンスが大きく広がるからです。

　保育士資格保持者は、全国に100万人います。しかし現役保育士は、約半数の50万人。保育士不足が叫ばれている中で半数の人が現場から離れています。保育士の離職原因を調査すると、賃金の安さや人間関係が上位に挙がります。保育士のスキルをいくら上げても、他業種のような出世やそれに伴う収入アップも望めません。そして、従来は起業して認

可保育施設を立ち上げようとしても、広い土地や多額の資金が必要でした。しかしこの新制度を活用すれば、小さいながらもあなたが理想とする保育園をつくることも夢ではないのです。

　本書では、認可外保育施設を新設する際の流れと、新制度への理解を深めるために最適な「認可外保育施設監督基準」の考え方を中心に解説します。併せて、私が代表を務めるNPO法人が運営する認可外保育施設の経営状況やNPO法人化の理由も公開します。これらの実例は、新制度をきっかけに保育事業への参入を検討している方の判断材料としていただければ幸いです。

　また認可外保育施設は、認可保育施設と比べて重大事故の発生率が非常に高いという事実があります。そのことが認可外保育施設への参入や就職を躊躇させる原因となっています。そこで実際に起こった事故事例を分析してその原因と予防、リスク管理についても説明していきます。

　巻末には、私が実際に作成・使用している届出や入園、安全管理などの書式とNPO法人設立に関する書式、認可外保育施設の新設に必要な書式を掲載しました。詳しくは巻末の「付録」(p.155) を御覧下さい。

目次

- はじめに ……………………………………………… 2

一章　新制度と認可外保育施設　7

- ■いままでの保育施設 …………………………………… 8
  - 認可保育施設 ………………………………………… 9
  - 認可外保育施設 ……………………………………… 10
- ■認可外保育施設を経営するということ ……………… 12
  - 保育施設を始めるまで ……………………………… 12
  - 保育施設の立ち上げ ………………………………… 12
  - 大震災 ………………………………………………… 14
  - 経営方針の転換 ……………………………………… 15
  - 経営の再建 …………………………………………… 16
- ■数字からみる認可外保育施設の経営 ………………… 18
  - 定員と収入 …………………………………………… 19
  - 園児の増減 …………………………………………… 20
  - 給食費 ………………………………………………… 22
- ■新制度を利用する ……………………………………… 23
  - そもそも新制度とは？ ……………………………… 23
  - 新制度は全国で実施されるのか？ ………………… 23
  - 新制度を利用できる施設の条件は？ ……………… 24
  - 新制度はどんな保護者が利用できるのか？ ……… 25
  - 新制度を利用した経営とシミュレーション ……… 26
  - 最少人数で経営した場合 …………………………… 28
- ■NPO法人化の勧め …………………………………… 31
  - NPO法人とは？ …………………………………… 31
  - NPO法人で収入を得るには ……………………… 33
  - NPO法人には仲間が必要 ………………………… 33
  - NPO法人の申請方法 ……………………………… 34
  - NPO法人のメリット ……………………………… 35
  - NPO法人のデメリット …………………………… 37

二章　認可外保育施設を立ち上げるには　39

- ■保育施設設立までの流れ ……………………………… 40
- ■立地とテナントの選定 ………………………………… 42
  - 市町村を絞る ………………………………………… 42
  - 地域を絞る …………………………………………… 43
  - テナントを探す ……………………………………… 44
- ■内装業者の選定と発注 ………………………………… 47
- ■事業計画の立案 ………………………………………… 50
- ■金融機関への融資申し込み …………………………… 52
- ■コストを削減する ……………………………………… 54
- ■保育室の整備 …………………………………………… 55
  - 備品を揃える ………………………………………… 55
  - 出入口のレイアウト ………………………………… 56
  - 保育室のレイアウト ………………………………… 57

- ■手作り保育園の勧め……………………………………… 60
    - 園児用下駄箱 ……………………………… 60
    - フェンス ……………………………………… 61
    - おもちゃ類 …………………………………… 62
- ■各種届出と保険加入 ……………………………………… 63
    - 認可外保育施設設置届 …………………… 63
    - 認可外保育施設変更届 …………………… 64
    - 開業届出 ……………………………………… 65
    - 労災保険加入手続 ………………………… 65
- ■園児の募集 ………………………………………………… 66
    - 紙媒体での広告 …………………………… 66
    - チラシは頻度が大切 ……………………… 69
    - ウェブ媒体での広告 ……………………… 69
- ■保護者の見学への対処 ………………………………… 72
    - 入園案内と必要な書類 …………………… 73
    - 面談 …………………………………………… 74
- ■フランチャイズ保育園は、何も保証しない ……… 76

三章 認可外保育施設指導監督基準の読み方 79

- 1．保育に従事する者の数及び資格 ……………… 81
- 2．保育室等の構造設備及び面積 ………………… 86
- 3．非常災害に対する措置 …………………………… 91
- 4．保育室を２階以上に設ける場合の条件 ……… 93
- 5．保育内容 …………………………………………… 101
- 6．給食 ………………………………………………… 118
- 7．健康管理・安全確保 ……………………………… 121
- 8．利用者への情報提供 ……………………………… 131
- 9．備える帳簿 ………………………………………… 134

四章 事故事例とリスク管理 137

- ■保育施設と事故 …………………………………………… 138
- ■重大事故の防止 …………………………………………… 140
- ■体調不良時の登園について …………………………… 142
- ■事故事例と対応策 ……………………………………… 143
    - 睡眠中の事故 ……………………………… 144
    - 外遊びでの事故 …………………………… 145
    - 誤飲事故 …………………………………… 147
    - 体調不良から発生した事故 ……………… 149
- ■認可外保育施設に必要な保険 ………………………… 150
- ■必要な保険額 ……………………………………………… 152

- ●付録 …………………………………………………………155
- ●索引 …………………………………………………………209
- ●あとがき ……………………………………………………211

第 一 章

新制度と認可外保育施設

第一章 新制度と認可外保育施設

いままでの保育施設

　現代の日本においては、全ての子どもを健康な状態に保ち、教育を受けさせる責任と負担は、保護者だけでなく、ある程度社会全体で負うべきものと考えられています。そのため、税金を使って義務教育や乳幼児の医療費の補助、定期的な健診などが行われています。その思想のもとで、保護者が仕事や病気で保育が受けられない学齢前の子どもの行き先として、地方自治体から認められた保育施設が用意されています。それが、「認可保育施設」と呼ばれる、いわば「公の」施設です。

　しかし、現状では認可保育施設を利用したくても、できない保護者がたくさん居ます。原因としては、施設を利用できる条件に当てはまらないという保護者側の理由と、財源や用地の問題で十分な数の施設を作れないという地方自治体側の理由があります。

　こういった子どもの預け先に困った保護者を対象として、民間の企業や個人が地方自治体の認可を受けない施設で子どもを保育するサービスを提供すると、「認可外保育施設」と呼ばれます。

　ここで明らかにしておきたいのは、「認可外保育施設」も保護者の生活のための切実な想いから生まれた保育施設であるということです。認可保育施設が満員で入れない、土日や早朝、夜間は預かってもらえない。国や市町村の怠慢や就労環境の変化に対応できない認可保育施設に変わって「認可外保育施設」は、子どもたちを受け入れてきました。しかし

これまで国や市町村の対応は、あまりに冷たいものでした。

近年その流れが変わりました。きっかけとなったのは、横浜市や相模原市など待機児童[*1]対策に苦慮してきた地方自治体の保育政策の転換です。地域の発展に保育施設は欠かせませんが、発展に伴う地価高騰や用地不足が認可保育施設の新設を阻害する大きな要因になります。このジレンマを解消する手段として、認可外保育施設に補助金を出して、保育の質と安全性を確保しながら待機児童解消に活用する政策を打ち出したのです。

例えば相模原市では、人口増に合わせて20年間で40園以上の認可外保育施設を補助して、1,500人分の保育のサポート枠を増やしました。そのうえ、必要な予算は、同じ人数を受け入れられる認可保育施設を新設した場合の3分の1で済んでいます。新制度は、こういった横浜市や相模原市の保育施策をモデルにしたものです。

平成24年の認可保育施設は、全国で約24,000ヵ所、利用児童217万人。事業所内保育施設を除く認可外保育施設は、全国約8,000ヵ所、利用児童約19万人です。施設数で3倍、利用児童数で11倍の違いがあります。新制度によって認可外保育施設は大きく変わり、認可保育施設と共に国の保育政策を支える大切な柱になるはずです。

では、認可保育施設と認可外保育施設について、もう少し詳しく解説します。

認可保育施設

面積や設備、人員など様々な面で国が定めた厳しい基準をクリアし、児童福祉法に基づいた認可を受けた保育施設が認可保育施設です。認可保育施設には、国と地方自治体が設立・運営する施設と、民間団体が設

[*1] 認可保育施設の利用条件を満たし、利用申請を行っているが、利用できていない児童のこと。

立して地方自治体の認可を受けた施設があります。

　一般的に市町村が運営（民間に委託しているものも含む）しているものを保育所、社会福祉法人などの民間団体が運営しているものを保育園や私立保育園と呼びます。また認可保育施設は定員が20名以上と決まっていますが、分園という定員20名に満たない小規模の保育施設もあります。分園は、本体となる保育所（保育園）からは離れているものの、一体的に運営される施設のことです。

　認可保育施設は、国と地方自治体からの財政支援が受けられます。認可保育施設では、保護者が支払う保育料による収入は、運営に必要な経費の4分の1程度です。残りの4分の3は、国、都道府県、市町村が負担しています。保育料は地方自治体によって決められており、保護者の収入と、地価などの地域の状況によって変わります。認可保育施設を始めようとした場合、通常届出をしてから認可を経て開園するまでに5～7年かかります。

　認可に時間がかかる最大の要因は、国と地方自治体の予算です。認可保育施設で園児1人に必要な費用は、平均して年間約100万円です。そのうちの4分の3である約75万円を国と地方自治体が分担して支払っています。100人規模の認可保育施設を新設すると毎年7,500万円の予算が必要になりますから、国も地方自治体もおいそれとは増やせないのが現実です。

認可外保育施設

　児童福祉法に基づいた認可を受けていない保育施設は全て認可外保育施設です。

　「認可外保育施設」と「認可外保育園」は、呼び方が違うだけで全く同じものです。そこで本書では、認可外保育施設と呼ぶことにします。認可外保育施設も、開業する際には児童福祉法第59条による届出が必要

です（届出の書式はp.172に掲載）。しかし、開業から1ヵ月以内に届出をすれば良く、許可をもらう必要さえもありません。

では完全に自由かというとそんなことはなく、認可外保育施設を新たに開園する場合は、厚生労働省から通達されている「認可外保育施設指導監督基準」の内容に沿って、保育従事者[*2]、保育室、保育内容、帳簿など50項目以上の条件を満たす必要があります。

また、同基準による立入検査が定期的にあり、基準に反していれば指導を受けます。それでも改善されない場合は廃業させられる可能性もあります。この基準の詳しい内容は三章で解説します。

また、認可外保育施設の一種に、「事業所内保育施設」があります。「企業内保育園」と言われることもありますが、両者は同じものです。事業所内保育施設は、企業や病院が主にそこで働いている従業員や医療従事者の子どもの保育をする施設です。事業所内保育施設には、認可保育施設とは別枠で国の補助金が受けられる制度があります。ただし、申請してから補助金を得るのに数年かかることがあります。

そういった一部の例は別として、基本的に認可外保育施設は、保護者からの保育料が収入の全てになります。

本書では、国や地方自治体の補助を受けない「認可外保育施設」の現状と、新設する際の手順について話を進めていきます。本書で「保育施設」といった場合、特に「認可」と書かれていないものは、認可外保育施設を指しています。

[*2] 保育士、看護士などの資格の有無に関係なく保育に従事する職員の総称。認可外保育施設などで施設管理者（園長）が管理業務のかたわら保育に従事する場合も保育従事者となる。

認可外保育施設を経営するということ

保育施設を始めるまで

　認可外保育施設のあり方は、新制度で大きく変わっていくでしょう。その説明をする前に、これまでの認可外保育施設の経営はどのようなものだったのか、まずは私の経験を紹介します。

　私は、茨城県の藤代町（現：取手市）で2期8年間、地方議員を務めました。この8年間、認可保育施設や幼稚園を管轄する委員会に所属していたことから、保育と幼児教育に強い関心を持っていました。その後、子どもの野外体験活動を行うNPO法人で活動している時に保険会社を経営している友人からある相談を受けました。友人が取引しているA社から保育事業に進出するために人材を探してほしいと依頼されたので私を推薦したと言うのです。

　さっそくA社経営者と会談したところ決まっているのは、認可外保育施設を多店舗展開したいということと、保育園フランチャイズチェーン（FC）に加盟することだけでした。必要最低限の資金は用意するので立地調査から保育園運営まで私に全てをアウトソーシングしたいと言うのです。実際のところ提示された報酬は、生活するのがやっとという金額でしたがすぐに承諾し、会談は、途中から企画会議に変わり、最初の候補地は、A社の事業の拠点があり、また待機児童も多い神奈川県相模原市に決まりました。

保育施設の立ち上げ

　こうして私が立ち上げた最初の保育施設は、平成21年に神奈川県相模

原市に開園しました。この保育施設は、認可外保育施設を全国展開しているフランチャイズチェーンと契約していました。しかし、開園の半年ほど前に、2kmも離れていない同じFC保育施設が突然閉園したこともあって園児募集に苦労しました。それでも募集チラシを6ヵ月間、毎月1万枚ポスティングした効果もあって、約11ヵ月で相模原市の認定保育室[*3]になり、園児も増えて経営も安定しました。

そこで2園目となるラ・フェリーチェ保育園を、平成22年3月に茨城県つくば市研究学園に開園しました。つくば市は、平成17年につくばエクスプレスが開通したことで、東京のベッドタウンとして子育て世代が大量に移住し始めていました。またA社の本社もあることから地元の事情にも明るく、保育施設を開業するにはうってつけの地域でした。

開園したのは、駅から徒歩5分にあり、結婚式場に隣接している物件でした。この物件は結婚式場を運営する企業が、保育施設が入ることを前提に建物を建てたもので、外観も隣接する結婚式場と同一イメージでデザインされていました。園名も結婚式場と同じくイタリア語で「幸せ・嬉しい」を意味するラ・フェリーチェ保育園としました。相模原市の保育施設は、コンビニエンスストアの空き店舗を改装したもので使い勝手が悪く苦労しましたが、ラ・フェリーチェ保育園は、使い勝手が良く、清潔感のある外観で、園児の母親からも好感を持たれました。

駅が近いことは、保育施設の立地としてメリットとデメリットがあります。メリットは、保護者が通勤途中に子どもを送迎できる利便性です。自宅近郊の認可保育施設に空きがあっても、通園に時間がかかると親子のストレスは非常に大きくなります。毎朝、自宅から車で子どもを送り、一旦自宅に帰って車を車庫に入れてから駅に向かう。帰宅してからも車で子どもを迎えに行くのは想像以上に大変なことです。そのうえ道路が渋滞すれば会社に遅刻し、残業になれば閉園時間に間に合わなくなって

[*3] 神奈川県相模原市が、一定の基準を満たしている認可外保育施設を「認定保育室」として認め、施設と利用者に補助金を交付する制度。

しまう。電車通勤する保護者にとって駅に近い保育施設は、必要不可欠なのです。デメリットは、何と言っても物件の賃貸料が高いことです。また都市部では、駅の近くに子どもを遊ばせることができる広く安全な公園が少ないことも挙げられます。

ラ・フェリーチェ保育園は、開園時は周辺に待機児童が少なく、また知名度と信頼感も低いため、今回も園児募集に苦労しました。しかし、雑木林や水辺のある近隣の公園での野外体験や異年齢混合保育、幼児教育など認可保育施設にはないプログラムを実践し、それを募集チラシで広報することで共鳴する保護者も徐々に集まってきました。そして翌年度には30名の定員をほぼ満たす入園予約が集まり、保育スタッフの増員も決まり、ほっと一息ついたところで、東日本大震災が起こりました。

大震災

その日は、いつもならほとんどの子どもが午睡で寝ているはずの時間なのに、なぜか全員が起きていました。平成23年3月11日、午後2時46分、突然床から突き上げるような揺れがきました。横揺れが来たのであわてて保育士と一緒に子どもたちを保育室の中心に集めました。その時、立っていられないほどの大きな揺れが襲ってきました。がたがたと軋む保育室の中で泣くことも忘れて、保育士の腕の中で大きく目を見開いた子どもたちの顔を今でもはっきり思い出します。

幸いラ・フェリーチェ保育園は、建物も子どもたちも全く被害はありませんでした。断水していましたが停電にはならず、午後7時までには全員の保護者が子どもたちを引き取りにきました。

しかし、福島第一原子力発電所が爆発事故を起こすと175km離れたつくば市でも子どもたちの避難が始まりました。つくば市には、国や民間企業の研究所が300ヵ所以上あり、少し前までは市民の約50人に1人は博士号を持った研究者であるとも言われていました。また研究所の中には、

爆発事故直後から放射線量をモニタリングしてネットで公表しているところもありました。こうしたなかで、著名な研究者がツイッターで緊急避難の必要性をつぶやいたことから親がパニックになり、子どもたちを避難させたようです。一説によると人口22万人のつくば市から1万人以上の子どもとその親、妊婦が避難したと言われています。

ラ・フェリーチェ保育園も園児が半分以下になり、新年度からの入園予定者もほとんどが延期になりました。そのうえ、園を運営するA社の経営が震災の影響で悪化し、運営を続けられなくなりました。

原子力発電所事故の影響がいつまで続くのかわからない中で、このまま閉園するか、私が引き取って経営するか決断を迫られました。その間も園児は減り続けて6人になっていました。子どもが少なくなっても、経営コストは年間1,000万円は必要です。A社が理論的な判断から撤退を決断したことはわかっています。それでも子どもたちの笑顔を見ると閉園することはできませんでした。最終的には、私がラ・フェリーチェ保育園の経営権と備品を買い取り、同時に相模原市の保育施設に関する契約も終了して、ラ・フェリーチェ保育園の経営に専念することにしました。

経営方針の転換

ラ・フェリーチェ保育園の経営を始めてまず行ったのは、運営母体をNPO法人化することでした。その目的は、如何に保育事業で儲けるか、から、儲からない保育事業を如何にして存続させるかに目標を転換するためです。なぜNPO法人化が目的にかなうのかは、「NPO法人の勧め」（p.31）で説明します。

平成23年6月にNPO法人の設立申請を行い、8月に認定されました。申請書作成から法人登記まで全て自分で行ったので費用は全くかかりませんでした。

次に支出を減らすために、建物のテナント料金を約2割下げてもらい

ました。震災で、テナントを所有する企業も大きな被害を受けているなかでのテナント料の値下げ。「応援しているよ」の一声に感謝の言葉も見つかりませんでした。

　テナント料と並んで、支出の大きな要因となるのが人件費です。やむなく、一緒に子どもたちを見守ってくれたほとんどの保育スタッフにも退職をお願いしました。もちろんスタッフには、何の責任もありません。揉めて当然の状況でしたが、皆応じてくれました。後日談になりますが退職したスタッフの1人は、半年後に復職してくれました。

　この時点での保育従事者は、保育士資格を持っている私の妻と保育士の資格を持たない私、幼稚園教諭の資格[*4]を持つ女性の3人です。「認可外保育施設指導監督基準」では、保育従事者の3分の1以上は、保育士でなければならないと定められています。ようするに、認可外保育施設を運営するのに必要な最小のチームで再出発したことになります。これまでは土日も一時保育の要望があれば開園していました。しかし人が減ったことにより、1人当たりの負担が増えたので、きちんとした休息をとるために土日祝日は思い切って休園にしました。そのためか労働時間が増えたことによる肉体的、精神的なストレスは、全く感じませんでした。

　そして、園長である私も保育従事者も基本給は同額にしました。それでも、NPO法人化して1年目は赤字経営で、ボーナスも支給できませんでした。

経営の再建

　その後、つくば市の放射線量が比較的低いことがわかり、園児が避難先から帰ってきはじめました。また震災により工事が遅れていた周辺の

[*4] 都道府県によっては、認可外保育施設で幼稚園教諭を保育士の代替とすることが認められている。また、幼稚園教諭は、保育士養成課程のある大学でスクーリングを受けることによって短期間で保育士資格を取得することも可能。

住宅が段々と完成し、移住してくる人たちも増えてきました。そこで開園時に実施した広報活動を再開しました。

また、放射線の影響を懸念して止めていた野外体験も再開しました。原発事故から1ヵ月が経過した時点で、放射線量は事故当時の30分の1まで低下しましたが、近隣の公園を利用する親子はほとんどいませんでした。しかし、室内保育で子どもたちのストレスも限界に達していました。そこで放射線測定器を購入して公園内と通り道を測定し、測定値をホームページで公表した上で、保護者と相談の上、野外体験を再開したのです。

認可保育施設が室内保育を続ける中でこの判断は賭けでしたが、結果的には多くの保護者に支持され、認可保育施設に空きがあるのに本園に入園する園児が急激に増えていきました。

そして、NPO法人設立2年目には黒字化を達成し、ボーナスも支給できました。

平成25年4月からは、隣のテナントも借りて保育室を増やし定員を30名から36名にしました。

現在の私たちの基本給は、1時間850円です。7時から19時までの12時間、1ヵ月に22日働くと夫婦2人で約45万円になります。もちろん収入は、十分ではありません。しかし、たくさんの子どもと触れあえる経験と、子どもたちの笑顔は他の仕事では得られない、何にも代え難いものです。今後は新制度が導入されることによって、収入も増えることが期待されます。

数字からみる認可外保育施設の経営

　では、認可外保育施設の具体的な収支を、私が園長を務めるラ・フェリーチェ保育園（以下当園とします）を例にとってみてみます。

　〈表1〉は、NPO法人設立年度と次年度の、月ごとの収支と園児数を表にしたもの、〈表2〉は保育料です。保育料とは別に、1食350円の給食費もいただいています。当園があるつくば市には、いまのところ認可外保育施設への施設運営補助金がないので、収入は、保護者が支払う保育料と給食費だけです。

　〈表3〉は、年間支出の大まかな内訳です。広告費は、消耗品費に入れてあります。当園の平成24年の園児募集の広告費は、Googleのオンライン広告費7,000円だけです。新しい募集チラシのデザインも完成していたのですが、結局のところ印刷しませんでした。園児の増減の流れを深読みしすぎて募集広告のタイミングを逃してしまったためです。23年は、9月から12月の4ヵ月間に3種類のチラシを各1,000枚印刷してポスティングしました。印刷代は、合計で24,000円でした。

　経費で突出しているのは、人件費とテナント料です。人件費は、最も少ない23年9月で52万円です。テナント料金は、月額31万5,000円です。このほかの経費として最低月に20万円かかっています。ここから計算すると、テナント料金プラス70万円は毎月必要になります。マイナスからのスタートだった相模原市での開園と、好条件が揃っていたつくば市での開園の両方から考えると、新規に始める認可外保育施設の園児数が安定するのに最低半年は必要になるでしょう。テナント料金が30万円であれば開園時の運転資金として700万円程度は用意しておきたいところです。

〈表1〉

平成23年度収支（万円）				
	収入	支出	収益	園児数
9月	118	103	15	12
10月	94	105	-11	15
11月	123	118	5	21
12月	121	117	4	21
合計	456	443	13	69

平成24年度収支（万円）				
	収入	支出	収益	園児数
1月	137	120	16	26
2月	156	130	26	26
3月	156	134	22	27
4月	123	133	-26	22
5月	129	127	2	22
6月	145	129	16	25
7月	134	129	5	23
8月	133	128	5	24
9月	146	124	22	27
10月	150	130	20	27
11月	141	137	4	26
12月	152	179	-26	27
合計	1702	1600	102	302

〈表2〉

ラ・フェリーチェ保育園　保育料		
週5日保育	19:00まで	17:30まで
0～1歳児	63,500円	53,500円
2～3歳児	53,500円	48,500円
4～6歳児	48,500円	38,500円
追加保育料	30分350円	

※平成24年のもの

〈表3〉

支出内訳（万円）	
人件費	916
家賃	378
食料費	152
保育用品費	55
水道光熱費	44
交通費	18
保険料	15
消耗品費	14
通信費	7
合計	1599

定員と収入

　当園は、平成25年4月から隣り合う2つのテナントを借りて運営していますが、23～24年は、総面積は約80m^2、保育室約67m^{2}の一つのテナントで運営していました。以下の解説の金額や定員は、この時の数字を使います。

　「認可外保育施設指導監督基準」による園児1人当たりの最低面積は1.65m^{2}ですから、この広さだと定員は40人まで増やすことができます（詳しくはp.87を参照）。1人当たりの月額保育料は平均5万1,000円なので、

定員を40人とした場合、月間収入は200万円程度見込めます。儲けることを目的に保育事業を行うのなら十分可能な額ですし、実際多くの認可外保育施設がこうした経営をしています。

　しかし当園では、あえて定員を30名にしました。そうすると、園児1人当たりの面積は約2.2m^{2}になります。これは認可保育施設の基準の、園児1人当たり1.98m^{2}より広い面積です。当園には、独立した屋内遊戯室がないため、これでもぎりぎりの面積と考えています。なにがぎりぎりかと言うと、保育時に子どもと保育従事者が受けるストレスとケガのリスクです。経験則ですが、園児1人当たり2m^{2}以下になると、保育室の中で走り回って遊ぶと危険を感じます。また午睡時に十分な間隔を空けて子どもを寝かせることができなくなり、危険性が増します。保育従事者もオムツ換えや着替えのときに空いている場所を探したり、他の保育従事者とスペースを融通しあわなければならなくなるため、ストレスが増します。

　こうしたことが結局は保育の質の低下につながり、事故のリスクを高めるとともに、見学に来た保護者が受ける印象も悪くなります。園児1人当たりの面積を減らすことは、理論上は収入増のようにみえますが、「保育の質」という保育施設の競争力を著しく低下させ、安定した経営の妨げになる要因ともなるのです。

園児の増減

　当園だけでなく全国の認可外保育施設の園児は、あるパターンで増減します。園児が最も少なくなるのは、新年度が始まり、園児が認可外保育施設から認可保育施設に転入する4月です。この後は、近隣の認可保育施設の入園枠の有無によって違いはあるものの、8月までは増減が少ない時期です。9月から年末にかけては、園児が増加していきます。理由としては、この時期に認可保育施設の定員を増やす自治体が多いため、

それまで待っていて結局入園できなかった子どもが認可外保育施設に入園することがあるためと、もう一つは、この時期から認可外保育施設に入園していると翌年4月からの認可保育施設の入園に有利になる場合があるからです。認可保育施設の入園募集は、11月から始まります。市町村によっては、募集時に認可外保育施設に通園していると認可保育施設の入園の順番を決めるポイントに加算しています。認可保育施設でも認可外保育施設に通園している子どもを選ぶ傾向があります。理由は、親から離れることや集団生活に慣れているため、初めて親から離れて生活する子どもより保育が楽だからです。

保護者からの問い合わせ数も時期によって大きく変化します。特別に多い月はありませんが、ゴールデンウイーク前と8月前半と年末は極端に少なくなります。休暇前には、保育園のことは考えたくないという心理が働くようです。

しかし、これもあくまで傾向です。平成24年の当園では、年明けから入園予約が増えだし、新年度に定員をオーバーする可能性があったり、予想以上に認可保育施設への移動があったり、入園予約者の多くが9月からの入園だったりと予想外の動きがありました。

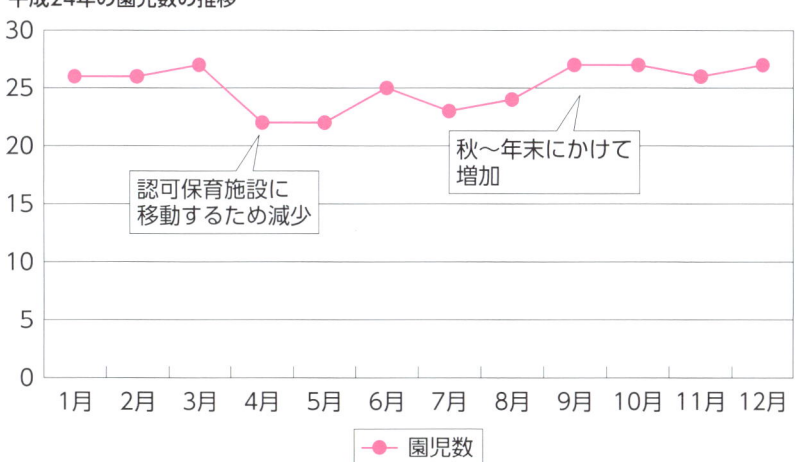

平成24年の園児数の推移

月	1月	2月	3月	4月	5月	6月	7月	8月	9月	10月	11月	12月
園児数	26	26	27	22	22	25	23	24	27	27	26	27

- 4〜5月：認可保育施設に移動するため減少
- 秋〜年末にかけて増加

給食費

　給食費は、1食350円を、園児が食べた分だけ翌月に集金しています。給食を自園で調理している認可外保育施設もありますが、多くは給食業者に委託しています。近年、幼稚園の多くが保護者の要望でお弁当持参から給食に代わっています。ほとんどの幼稚園は、調理施設がないので給食業者に依頼することになり、給食の需要が多くなりました。そのため、低年齢向けに献立もしっかり考えた給食業者が多くなり、認可外保育施設でも安心して委託することができます。ほとんどの業者は、朝9時までに連絡すれば11時過ぎには届けてくれます。ただし幼稚園用を流用する場合は、食材のカットが1～3歳児には大きすぎるのでキッチンバサミなどでカットする必要があります。離乳食は、当園の場合は持参をお願いしています。

新制度を利用する

　いままで見てきたように、認可外保育施設の経営はけして楽ではありません。しかし、保育料のみでも経営していくことは可能ですから、新制度を利用すれば、経営は格段に安定し、より子どもの利益を考えたサービスも提供できるようになるでしょう。

　しかし新制度は、どんな施設でも利用できるものではありません。利用するには、一定の条件をクリアし、市町村の認可を受ける必要があります。

▍そもそも新制度とは？

　平成24年に可決された、いわゆる「子ども・子育て関連3法」に基づいた「子ども・子育て支援新制度」の一環として定められる制度です。消費税を財源として、「小規模保育」（利用定員6人以上19人以下）を行う保育施設に国と地方自治体から補助金を出し、施設を増やすことで待機児童の解消を図ることが目的です。

▍新制度は全国で実施されるのか？

　新制度は、全国の市町村で実施されるのではなく、都市部の待機児童対策として地域の実情に応じて実施されます。ようするに、新制度を導入するかしないかは各市町村に任されています。新制度の利用を考えた保育施設を立ち上げようとする場合は、必ず候補地の市町村に実施する予定があるのかを問い合わせましょう。役所の担当部署は、保育課や子ども課になります。

新制度を利用できる施設の条件は？

　大前提として、0〜2歳児を対象とした定員が19人までの施設であることが条件となります。現在定員20人以上の保育施設でも、新制度を利用するためには定員を19人にしなくてはなりません。そのほかにも施設の子ども1人当たりの面積や保育従事者の数に対する保育士の割合など数字で表せる客観的な許可基準に適合する必要があります。主な条件は、下記の表にまとめましたが、それ以外にも様々な規定があります。三章で、新制度を利用するための細かい条件を解説していますので、詳しくはそちらをご参照ください。

　新制度の支援の対象となる具体的な施設の形態として、①認可保育施設の分園型（A型）、②一定の基準を満たしている認可外保育施設などの中間型（B型）があります。また、「小規模保育」ではありませんが、同じ枠組みで検討・予算配分されている形態として、③マンションや住宅を利用して5人以下の保育を行う、保育ママ[*5]（C型）が想定されています。必要な条件は、A型、B型、C型それぞれで違います。三章では、B型の条件を解説しています。B型とC型については、「最少人数で経営した場合」（p.28）も参照してください。

	分園型（A型）	中間型（B型）	グループ型（C型）
利用定員	6〜19人	6〜19人	1〜5人
想定される施設	認可保育所の分園	認可外保育施設など	家庭的保育（保育ママ）
保育従事者の数	0歳児：3人に1人 1〜2歳児：6人に1人 上記＋1人	分園型と同じ	0〜2歳児：3人に1人
保育従事者に対する保育士の割合	100%	50%	基準なし （市町村の研修を受ける必要あり）
子ども1人当たりの面積基準	0〜1歳児：3.3m^2 2歳児：1.98m^2	分園型と同じ	0〜2歳児：3.3m^2

＊5　家庭的保育事業の呼称。主に3歳未満の児童を保育者の居宅等で保育する通所の施設、又は保育者の通称。

そして、それら客観的な許可基準のほかに、社会福祉法人・学校法人以外の者に対しては、「経済的基礎、社会的信望、社会福祉事業の知識経験に関する要件を満たすこと」を求められています。しかしこれらには、数字で表せるような客観的な基準はありません。この条件の取り方は地方自治体により変わるでしょうが、社会福祉法人・学校法人以外の個人や企業が、新制度に合致する面積と設備、人員を備えた施設を新設したとしても、すぐに認可される可能性はまずないと考えられます。

そこで参考になるのが、神奈川県相模原市が行っている認定保育室制度です。認定保育室制度は、待機児童解消を目的として、相模原市が一定の基準を満たしている認可外保育施設を「認定保育室」として認め、施設と利用者に補助金を交付する制度です。平成24年までに44の認可外保育施設が認定され、約1500人の児童が通園しています。

対象となる園児の年齢や定員等に違いはありますが、新制度とよく似た制度です。相模原市では、認可外保育施設が「認定保育室」になるための条件として、概ね1年以上施設を運営し、かつ定員の半分以上の園児が在園することを求めています。ようするに実績を求めているのです。新制度でも経済的基礎の要件を満たすためには、認可外保育施設での実績が必要になる可能性が高いと思われます。

新制度はどんな保護者が利用できるのか？

現行制度では、保護者が地方自治体のサポートを受けるには、限られた認可保育施設に申し込む必要がありました。その際、保護者が①昼間フルタイムで働いている、②妊娠中や出産直後、③病気やケガ、障害がある、④同居の親族をいつも介護しているなどが条件でした。

新制度では、この条件に加えて①パートや夜間勤務、在宅就労などを

*6　従来の制度では、1人目を預けていて2人目の子育てのために育児休業を取得した場合、働いていないとみなされ1人目も認可保育施設は利用できなかった。

含む全ての就労、②求職活動中、就学中、育児休業の取得時にすでに保育を利用中の子がいて継続利用が必要な場合[*6]なども対象となります。保育料もこれまでの認可保育施設と同じように、保護者の収入に応じて増減されるため、大いに利用しやすくなるでしょう。

　また市町村は、地域で保育が必要な人数を調べ、その需要を満たすまで受け皿を整備しなければなりません。現在の状況で新制度をスタートしたら、いままで、認可保育施設を利用できないために働けなかった人たちなど、潜在的な保育需要が掘り起こされ、待機児童数[*7]は、何倍にも膨らみます。そこで政府は、消費税増税分の一部を新制度の予算にして、平成27年度だけで40万人分の保育のサポート枠を増やす方針です。

　新たに増える保育40万人の10％を「小規模保育」を行う認可外保育施設が賄うと仮定すると、2,100以上の施設が新設されることになります。

新制度を利用した経営とシミュレーション

　例えば0歳児を1人預かった時の収入は、いままでの認可外保育施設の場合、保護者から支払われる保育料の6〜8万円で全てですが、認可保育施設では、市町村から15万円前後が支払われています。そうすると、保育料が認可外保育施設より安くても、収入は認可外保育施設より格段に増えます。そのため認可保育施設では、地域にもよりますが、0歳児の保育料は3〜4万円ほど（平均所得の場合）に設定されているところが多くなっています。新制度では、「小規模保育」を行う保育施設に市町村から支払われる額は、認可保育施設と同程度かそれよりも高額になるとされています。

　これまでは、認可保育施設待ちの保護者が認可外保育施設を利用し、

[*7] 現在の待機児童数は、「認可保育施設に利用申請しているが、利用できていない数」をカウントしているため、「条件に当てはまらないため申請できない」人は数に入っていない。

4月になると認可保育施設の枠が空いて園児がごっそりと認可保育施設に移っていくという動きが当たり前でしたが、新制度により保育料の差がなくなれば、そういったことも少なくなり、経営も安定してくるでしょう。

では、具体的に市町村からの補助金がどのぐらいの金額になるのか考えてみましょう。下の図は、新制度に合致する施設にした場合、園児の定員ごとに必要となる職員数、保育室面積と収入予想を表したものです。（単価は認可保育施設の単価を基に積算しました。）

定員	保育従事者数	保育室面積	収入（職員1人当たり）
19名（0歳3名・1歳6名・2歳10名相当の絵）	保育士5名＋保育士以外1名	52m²	198万円（33万円）
15名	保育士4名＋保育士以外1名	43m²	165万円（28万円）
12名	保育士3名＋保育士以外1名	35m²	132万円（26万円）
9名	保育士2名＋保育士以外1名	26m²	99万円（25万円）

凡例：
- ☺ 0歳
- ☺ 1歳
- ☺ 2歳
- ☺ 保育士
- ☺ 保育士以外

基本的には、子どもが多いほど収入が増えますが、保育従事者と保育室面積も多く必要になりコストも増えていきます。
　また収入の基となる補助金は、子どもの年齢と人数で変化します。19名全員が0歳児であれば、収入は最大になります。しかしそうすると、2年後には全員が2歳児になり、収入が最小になってしまいます。図では、年毎の収入変化が最も少なくなるように0〜2歳を同じ定員にしてあります。
　この図を見てみると、定員が3人減るごとに保育室面積は、約10m^2、収入は、約30万円減ります。また定員18人から15人の間は、保育従事者数は変わらないため人件費は同額になります。
　テナント賃料は、面積に比例して高くなります。しかし保育室以外に必要な面積は、定員の増減にほとんど関係ないこと、保育室が狭いと保護者は保育環境が悪いと判断しがちなことを考慮すれば、テナント面積は、新制度の定員上限（19人）を保育できる70m^{2}前後を確保すべきです。
　立地とテナントについては、p.42で詳しく解説しています。

最少人数で経営した場合

　右の図は、認可外保育施設の定員を、「小規模保育」に当てはまる最少人数の6人にした場合、必要となる職員数、保育室面積と収入予想を表したものです。保育料の単価は、認可保育施設の単価を基に積算しました。ただし新制度のモデルになったと言われる横浜市の家庭的保育（保育ママ）の単価で計算すると、年齢構成に関係なく園児6名で月額138万円の収入になります。
　注目したいのは、保育室面積です。0歳児1人当たりの必要な面積は、3.3m^{2}ですから6名で12畳です。6名全て2歳児であれば、1人当たりの必要な面積は1.98m^{2}ですから8畳もあれば十分ということです。この面積であれば自宅の一部を使用して、新制度を利用できる認可外保育施設を始めることも可能です。自宅で始めれば、テナントの賃貸料も必要あり

定員	保育従事者数	保育室面積	収入（職員1人当たり）
☻☻☻☻☻ (0歳×2, 1歳×2, 2歳×1)	☻☻☻ (保育士2, 保育士以外1)	20m²	90万円（45万円）
☻☻☻☻☻ (0歳×1, 1歳×2, 2歳×2)	☻☻☻ (保育士2, 保育士以外1)	18m²	66万円（33万円）
☻☻☻☻☻☻ (2歳×6)	☻☻ (保育士1, 保育士以外1)	12m²	54万円（27万円）

☻ 0歳
☻ 1歳
☻ 2歳

☻ 保育士
☻ 保育士以外

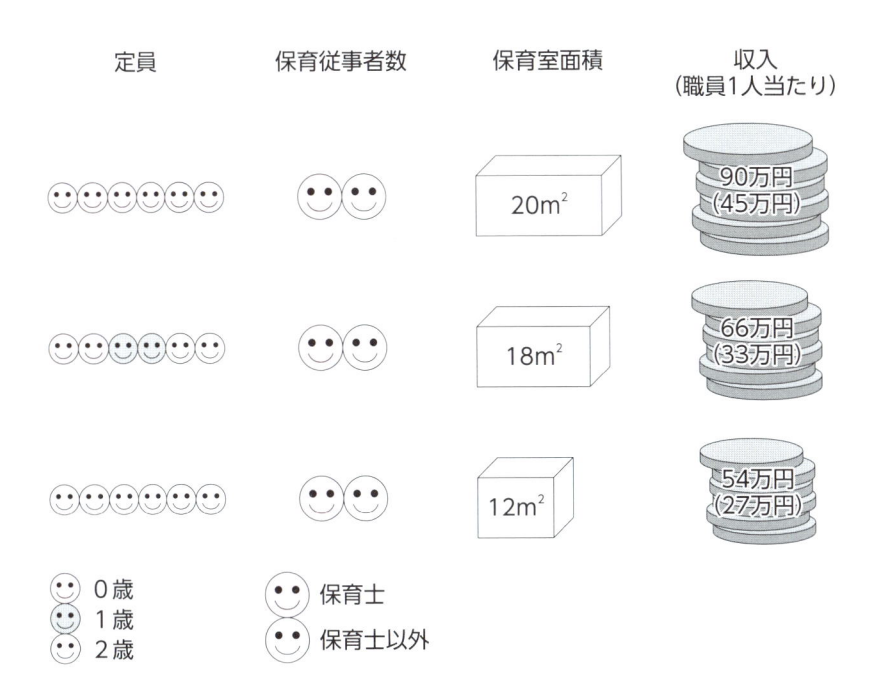

ませんし、少ない資金で開園することが可能です。また経営者が保育士資格を持っていれば、もう1人の保育従事者は保育士でなくても家庭的保育者補助者基礎研修[*8]を受講すれば良いのでスタッフ募集も容易に済みます。まさにこの考えが新制度の枠組みの一つでもある、家庭的保育（保育ママ）の基礎となっています。

　一見すると最少人数での認可外保育施設の開業は、初心者にはうってつけのようですが、大きな問題が二つあります。先ず、新制度は市町村の認可事業のため、認可を受けるまでの間は、従来通りの認可外保育施設として、保護者からの保育料しか収入が得られません。この間の保育料収入は、年齢構成にもよりますが、定員いっぱいの6人の申し込みがあったとして月額30万円から50万円位です。自宅を利用するのであれば賃貸料は要らず、夫婦2人で行えば人件費も最小限で済みますが、それ

[*8] 保育士以外の者が保育ママの保育従事者になるために必要な研修。自治体が行う厚生労働省のガイドラインに沿った講義22時間、実習16の受講が必要。

でも経費を引くと先ず間違いなく赤字になります。補助金が降りる前に運転資金が底をついてしまえば、事業を維持できなくなります。実際、このタイプの認可外保育施設がほとんどないことが、補助金がなければ経営が厳しいという事実を裏付けています。

　もう一つの問題は、保育施設として明らかに競争力に欠ける点です。もちろん小さな保育施設の保育の質が大きな施設に比べて劣っているといっているのではありません。イメージの問題と言えます。

　2歳児が8畳の保育室に6人いるのと23畳の保育室に19人いるのを比べると、明らかに8畳の保育室の方が狭く感じられます。さらに、8畳と23畳のそれぞれに室内用のジャングルジムや滑り台を置いてみると、その違いがより顕著に感じられます。保護者が保育室に入った瞬間に感じる印象は、その保育施設のイメージを決定付けてしまいます。そしてこのイメージの善し悪しが保育施設の競争力に大きく影響するのです。

　開園資金などの問題で最少人数の保育施設しか開園できない場合、市町村が保育ママ型（C型）を採用するのなら割り切って保育ママをすべきでしょう。そうでなければこの形はお勧めできません。

NPO法人化の勧め

　私が現在の保育園の経営を引き取った際に、如何にして保育事業で儲けるか、から、儲からない保育事業を如何にして存続させるかに目標を転換し、その実現方法を探した結果の一つが、運営母体のNPO法人化であったと記しました。

　保育事業において、子どもの利益（保育の質と安全）を優先すると、理論上の最大限の収益を得ることは難しくなります。これは、商売で高品質のものを低価格で提供すれば、商人の利益は少なくなるのと同じです。認可外保育施設を経営する際に利益を優先するなら、むしろ株式会社化すべきでしょう。何故なら保育事業でより多くの利益を得ようとするなら、大型化か多店舗展開せざるを得ません。そのためには、資金調達がしやすい株式会社を選ばない手はありません。しかし、子どもの利益と自分の利益が対峙した時に、なんだかんだ言っても結局は子どもの利益を優先してしまう人、一人ひとりの子どもと向き合いたいためにあえて定員を増やさない人は、保育者としては優秀ですが、お金儲けには向いていません。そのような人が経営する、利益優先ではない認可外保育施設を存続させる手段の一つが運営母体のNPO法人化です。

▌NPO法人とは？

　「NPO」とは「Non Profit Organization」の略称です。団体の構成員に対し収益を分配することを目的としない団体の総称で、下記の表にある社会貢献活動を行うことを目的として、都道府県に申請すれば、特定非営利活動法人と呼ばれる法人格を有することができます。NPO法人とは、この法人格を有したNPO団体を指します。保育事業は、次ページの

「保健、医療又は福祉の増進を図る活動」と「子どもの健全育成を図る活動」に該当するのでNPO法人になることができます。

同じ法人でも株式会社は、お金を出しあって皆で儲けることを目的とした団体です。これに対してNPO法人は、力を出しあって皆で満足する（達成感を得る）ことを目的とした団体です。そして株式会社は、内輪の人しか利益を配分しませんが、NPO法人は、利用者や地域にも利益を与えることができます。

法人設立には、10名以上の社員（会員）と4名以上の役員（理事3名、監事1名）が必要です。社員（会員）は「この法人の趣旨・活動目的に賛同し、入会した個人及び団体」であり、その団体で働いている必要はありません。親族でも園児の保護者でもなることができます。対して役員は親族が3分の1以上を占めることはできませんし、2年以内に禁固以上の刑に服していたり、暴力団関係者もなることができません。

NPO法人の活動

保健、医療又は福祉の増進を図る活動

社会教育の推進を図る活動

まちづくりの推進を図る活動

観光の振興を図る活動

農山漁村又は中山間地域の振興を図る活動

学術、文化、芸術又はスポーツの振興を図る活動

環境の保全を図る活動

災害救援活動

地域安全活動

人権の擁護又は平和の推進を図る活動

国際協力の活動

男女共同参画社会の形成の促進を図る活動

子どもの健全育成を図る活動

情報化社会の発展を図る活動
科学技術の振興を図る活動
経済活動の活性化を図る活動
職業能力の開発又は雇用機会の拡充を支援する活動
消費者の保護を図る活動
前各号に掲げる活動を行う団体の運営又は活動に関する連絡、助言又は援助の活動
前各号に掲げる活動に準ずる活動として都道府県又は指定都市の条例で定める活動

NPO法人で収入を得るには

　NPO法人では、役員報酬、つまり「NPO法人の役員を務めている」ということに対する報酬が得られるのは、役員総数の3分の1までとなっています。役員が4人なら、1人しか報酬を受け取ることができないため、ほとんどの人は無報酬となります。

　個人経営する多くの認可外保育施設では、経営者が管理者（園長）を努めています。NPO法人化すると基本的に経営者も役員（理事）になります。NPO法人の役員が無報酬だとすると、経営者は収入を得られないことになり、生活できなくなってしまうのでしょうか？　そんなことはなく、経営者は、自分が理事を務めるNPO法人が運営する保育施設で保育従事者や管理者（園長）として働き、給与を得れば良いのです。

NPO法人には仲間が必要

　自分は無報酬でよくても、ほかに無報酬の役員を3人集めるなんてできないと思うでしょう。しかし、NPO法人を設立してから認可外保育施設を開設するのではなく、保育施設を運営しながらNPO法人設立を目指

して仲間作りをしていくと案外簡単にできるものです。

　もしあなたが、親しい友人に「これから認可外保育施設を開設したいのでそのためのNPO法人の役員になってください」と頼まれたとしたら、いろいろ理由をつけて断るでしょう。もしかするとあの人大丈夫かなと思ってしまうかもしれません。しかし、実際に友人が保育施設を開園して、一生懸命子どもたちと接する姿を見たら、少しでも手助けしたいと思うでしょう。

　また保育施設のスタッフにお願いすることもできます。スタッフを最終的に決める基準となるのは、スキルや経験以上に、この人となら一緒に仕事をしてもいいなと感じることです。そして実際に仕事をしてお互いに信頼感が増すようであれば、役員を受諾してくれるでしょう。

NPO法人の申請方法

　手続きは全て自分でできます。自分で行えば費用もかかりません。株式会社を設立すると登録免許税などの実費だけで約20万円必要ですがNPO法人は無料で登録（登記）できます。ただし手間と時間は、株式会社設立と同じくらい必要です。インターネットで調べながら必要書類を作成することも不可能ではありませんがお勧めしません。なぜならホームページの作者は、その道のプロなので初心者が知りたいと思うことを当たり前のこととしてとらえて記載しない傾向があるからです。その点、初心者向けの専門書は、著者だけでなく編集者も手を加えているので良くわかります。また書式のCDが付属しているものを選ぶと書類作成が大変楽になります。自分でやってみようと思う方は、まず専門書を読んでみましょう。

　専門書を読んで不安だという人は、専門業者に手続き代行を頼むこともできます。費用は、20万円前後です。ただし申請手続きの代行を頼むと、結局は、活動報告書や決算報告書など毎年提出が義務付けられてい

る書類の作成も依頼することになりかねません。

　私は、大学の経済学部に在籍しながら簿記三級の試験に受からなかった経理オンチですが、NPO法人の設立申請は、時間はかかったものの難しくは感じませんでした。たくさんある申請書類の関連性は気にせずに一枚一枚作っていたらいつのまにかできていたというところです。

NPO法人のメリット

▶法人税を節約できる

　「小規模保育」を行う認可外保育施設は、園児数が少ないため1人減っただけで赤字になることも少なくありません。そのため3ヵ月分位の経費相当額を内部留保しておけると安心です。個人経営でも企業経営でも、事業収益がでれば1年に1度税金を払わなければなりません。つまり、1年に1度相応の額が税金として財布から減ってしまいます。

　NPO法人でも、個人の所得税に相当する法人税と、個人の住民税に相当する法人住民税を払わなければなりませんが、NPO法人が非営利活動で得た利益には、課税されません。翌年度に全額持ち越すことができます。お店を設けて物を売るなどの営利活動をすれば、ほかの企業と同じように課税されますが、保育事業は非営利活動とみなされますので、そこで得た利益は課税の対象外となります。

　また都道府県と市町村の法人住民税も、非営利事業だけを行っている場合は、所定の届出を行えば免除になります。

▶保育施設の信頼性が増す

　認可外保育施設にとっては、これが最も大きな利点になります。保護者が保育施設を選ぶときに最も重視することは、保育施設と保育従事者の信頼性です。新制度でも、許可基準の中で施設設置者の客観的な社会的信望を求めています。本来、信頼とか信望の醸造は長い時間と情報発

信を必要とするものです。例えば政治家は、有権者の信頼と信望を得るために自己の経歴だけでなく趣味や家族まで公開しています。私は、以前に地方議員を務めていたので経歴を公開することに抵抗を感じませんが、誰もがそういうわけではないでしょう。

　一方、NPO法人の役員は、2年以内に禁固以上の刑に服していたり、破産していたり、暴力団関係者はなることができません。ようするにNPO法人の役員は、最低限の客観的な社会的信望があることになります。

　またNPOが経営する保育施設は、企業が経営する保育施設のように利益を目的としたものではなく、子育て支援を目的したものであることは、各種法律の趣旨から明白です。そのことも大いに宣伝すべきでしょう。

▶補助金が受けやすい

　例えば、赤い羽根共同募金助成金[*9]や子どもゆめ基金[*10]、大手企業がNPO法人を対象にした補助金を受けやすくなります。これは、NPO法人が経営する保育施設が子育て支援を目的したものであることが明らかなためです。また認定NPO[*11]や仮認定NPOに認定されると個人や企業からの寄付金も得やすくなります。

　補助金ではありませんが、日本政策金融公庫にもNPO法人への融資枠があり、整備資金や運転資金の融資が低金利で受けられます。私が代表を務めるNPO法人でも平成24年に施設整備資金、25年に運転資金をそれぞれ1.05％と1.2％の低金利で借り入れました。

---

*9　各都道府県に設立された「共同募金会」という民間団体が、ボランティア団体やNPO法人が実施する地域福祉活動に助成を行っている。
*10　国と民間が協力して子どもの体験・読書活動などを応援し、子どもの健全育成の手助けをする基金。ボランティア団体やNPO法人が実施する子どもの体験活動や読書活動に助成を行っている。
*11　設立後5年以内のNPO法人については、広く市民からの支援を受けているかどうかを判断するためのパブリック・サポート・テスト（PST）が免除され、税制上の優遇措置が認められる仮認定を1回に限り受けることができる。

▶ボランティアを活用できる

　NPO法人や社会福祉法人が運営する保育施設以外の保育施設でボランティアを使うと、労働基準法違反になり処罰されます。ようするに個人や企業が経営する認可外保育施設でのボランティア行為は、労働者をただ働きさせていることになるのです。例え相手の同意を得ていても、労働基準局に知られれば処罰され罰金と労働の対価（賃金）を支払うことになります。

　NPO法人は、利益を目的とした団体ではないので、そこで働く人も利益（賃金）が目的でなくても良いのです。例えば楽しみ、生きがい、社会貢献、スキルアップ、職場体験など多様な目的のためにNPO法人で働いています。ボランティアとは、賃金以外の多様な目的のために働く職員ということになります。もちろんボランティアに交通費や食費、賃金を払っても問題ありません。NPO法人では、同じ仕事、あるいは有償職員より高度な仕事をしていても無償という人もいます。あくまでNPO法人とその人との間で決めれば良いことです。ただしNPO法人の責務としてボランティアは全員、保険に加入しましょう。スポーツ安全保険なら年間千数百円で十分な補償額の傷害保険と責任賠償保険に加入できます。

　保険については、p.150も参照してください。

NPO法人のデメリット

　NPO法人化のデメリットは、何と言っても書類作成に手間がかかることです。NPO法人設立後は、毎年必ず約10種類の書類を作成して都道府県に報告する義務があります。一度書式を作ってしまえばかなり時間が短縮できますが、それでも半日は必要です。これらの報告書は、公開することも義務付けられています。都道府県庁に行けば誰でも閲覧することができます。ホームページを公開しているNPO法人は、ホームページ上でも公開する必要があります。しかし、経営状況などの情報を公開す

ることは、保護者や行政の信頼を得ることにつながるので、そのための手間と考えれば十分納得できます。

　参考資料として、付録に私が代表を務めるNPO法人の設立書式と毎年都道府県知事に報告する活動報告書式を掲載しました。

　もう一つデメリットとしてあげられるのは、銀行から融資を受けにくくなることです。私が代表を務めるNPO法人でもこれまで個人的に融資を受けていた地方銀行に融資を頼んだところ、その地方銀行では、NPO法人向けの融資は行っていないために断られたことがあります。しかしその地方銀行が日本政策金融公庫を紹介してくれたため、結果的には地方銀行より低い金利で融資を受けることができました。

第二章

認可外保育施設を立ち上げるには

第二章 認可外保育施設を立ち上げるには

保育施設設立までの流れ

　では実際に、保育施設を始める決心をして、実際に動き出そうと考えた場合、どのような作業が必要になるでしょうか。以下に、作業と要点を簡単にまとめました。特に重要な項目に関しては、別に解説していますので、そちらも参考にして下さい。

立地調査→p.42

待機児童の状況
- 市町村担当課で調べる
- どこの地区の認可保育施設に待機児童が多いのか市町村の担当課で調べる
  → 待機児童が多ければOK
- 上記地区での認可保育施設の新設計画の有無を調べる
  → 計画がなければOK

地域の状況
- 地域の不動産業者で調べる
- 今後も子どもが増える傾向があるかを聞く
  → 若い夫婦に人気がある、マンション、住宅開発が進行中であればOK

テナント探し
- 地域の不動産業者で調べる
- 面積、周囲の環境、公園の有無、防火設備など保育施設の条件を満たすテナントを複数探す
- 保証金、賃貸料を調べる

事業計画→p.50

計画書の作成
- 下記項目を入れた計画書を作成
- 背景（地域の待機児童、住宅開発など）
- 事業（背景を基に事業の可能性を説く）
- 内装工事が必要な場合は、その見積書
- 必要な資金額
- 借入資金の返済計画
- 担保の有無

融資申し込み→p.52
- 日本政策金融公庫をはじめ複数の金融機関に申し込む
- 国や地方自治体の起業・創業助成金の募集があれば条件を検討のうえ申し込む

契約

賃貸契約
- 条件を満たしているか再確認のうえ契約

内装工事→p.47
- 事前に「認可外保育施設設置基準」を参考に簡単な設置図を作成する
- 見積の打ち合わせは、現場を見ながら話を進め、決まったことは、設置図に書き込む
- 洗面台、コンセントなど一般的ではない位置に取り付けるものは、高さも配置図に書き込む
- 複数の業者に見積を依頼する

電気・通信契約
- 内装業者と相談の上、電気、通信（電話・ネット）業者と契約して工事日を決める

第二章 認可外保育施設を立ち上げるには

スタッフ募集

ハローワーク	求人広告	面接
・勤務形態を考慮して勤務シフトを作成する ・必要な保育士数、支払い可能な人件費を積算する ・ハローワークで相談のうえ、条件を決定する	・ハローワークでスタッフが集まらない場合は、求人広告に掲載を依頼する ・配布部数と範囲が信頼できる新聞折込みの求人誌やタウン誌を利用する（保育園周辺の新聞販売店でその地区に配布されている求人誌と連絡先を調べる） ・複数業者に見積を依頼する	・可能であれば、経営する保育施設で面接する ・条件、出勤可能曜日と時間、健康状態を確認する ・1週間程度の期限を定めて可否を連絡する ・初出勤日までに健康診断書の提出を求める

園児募集→p.66

基本情報の決定	ホームページ	チラシ作成	ポスティング
保育曜日と時間、保育料、保育理念など園児募集媒体に掲載する基本情報を決定する	・ドメインの取得 ・業者に依頼する場合は、複数業者に見積を依頼する	・業者に依頼する場合は、複数業者に見積を依頼する ・配布範囲内の住宅戸数を市町村住民課で調べる ・初回の印刷枚数は、住宅戸数×5	・初回は、経営者が配布する ・次回以降は、ポスティング業者への依頼も可 ・初年度は、毎月ポスティングする

備品

購入	配置→p.55
・家具、家電を最初に購入、ネット購入が便利 ・カーテンのオーダーメイドは、10日間程度必要 ・食器、文具、玩具は家具設置後に購入	・家具と家電を仮配置し、保育室面積を計測 ・転倒防止などの安全対策を行う

届出→p.63

配置図作成	認可外保育施設設置届	消防署への届出
保育室、事務室、出入口等を実測して配置図を作成	都道府県知事、政令指定都市の場合は市長に認可外保育施設設置届を提出	近隣の消防署に相談して届出を提出

税務署への届出	労働基準監督署
税務署に相談して開業届を提出	スタッフの労災、雇用保険などの加入手続き、労務士に依頼も可能

保険加入

施設賠償責任保険	傷害保険
損害保険会社で施設賠償責任保険に加入	園児の入園が決定したらスポーツ安全保険などの傷害保険に加入

開園準備

書類用意	事前準備	面接
入園案内、入園申込書など必要書類の準備	開園1週間前からスタッフ出勤、清掃、業務シミュレーション、保育室飾りつけなどを行う	開園1週間前から園児面接をはじめる

立地とテナントの選定

　認可外保育施設を新たに開設するときに妥協してはならないことが二つあります。それが立地とテナント選びです。どちらも一度決めてしまうと簡単には変えることができません。

　すでに説明したように、新制度は全国の市町村で実施するのではなく、都市部の待機児童対策として地域の実情に応じて実施されます。またその市町村で新制度を実施する予定があっても、市町村全域で実施するのではありません。待機児童が多い地域をピンポイントで指定することになります。ではどの地域になるのかを問い合わせても答えてくれる可能性は低いと思われます。例え教えてくれたとしても「そこに保育施設を開設しても認可するかどうかわかりませんよ」と付け加えられるでしょう。

市町村を絞る

　東京都、沖縄県、神奈川県、大阪府、千葉県、これらは、平成25年4月の時点で待機児童が多い都道府県ワースト5です。市町村では、世田谷区、福岡市、練馬区、仙台市、那覇市の順になります。認可外保育施設の新設にベスト立地を全国からフリーハンドで探すのならこれらの地域から探すべきでしょう。しかし実際の立地選びというのは、就職先を探すということですから現実的ではありません。

　実際の方法として考えられるのは二つです。最初は、現在住んでいるところの近くの市町村から探していく方法です。これが最も現実的な方法です。この場合は、通勤時間に注意する必要があります。理想的には30分以内、長くても1時間以内にしないと勤務時間が長いために体の負

担が大きくなります。

　もう一つは、土地勘のある場所や知人が住んでいて、かつ待機児童が発生している市町村を探す方法です。このような市町村であれば、行政や不動産業者などだれでも得られる情報以外の情報も得られて判断材料が多くなります。

　このようにして開業が可能な市町村を絞り込んでいきます。

地域を絞る

　市町村を絞り込んだら、上記のように、新制度を適用するかどうか市役所や町役場に問い合わせてみます。

　新制度の適用される地域を教えてもらえない場合は、待機児童が多い地域を自分で調べる必要があります。このとき絶対にしてはいけないのは、資料に裏付けられていない話を信じることです。また「〇〇さんの子どもは保育園に入れなかった」など少ない事実から結論付けてもいけません。仮定に仮定を重ねても真実にはたどり着けません。それよりもっと客観的で確実な方法があります。

　市役所や町役場には行政の情報を教えてくれる情報公開室や窓口があります。そこで所定の用紙に「認可保育施設ごとの入園を希望（第1希望）している児童数。対象は、市内の全ての認可保育施設。基準日は、できるだけ最近のもの」、目的欄には「調査、研究のため」と記入して提出すれば無料で調べて教えてくれます。ただし1週間ほど時間がかかる場合があります。またコピー代として1枚10～30円ほどかかる場合もあります。

　入園希望者の人数から認可保育施設の募集定員を引いた値が大きいほど、その地域に待機児童が多い可能性が高くなります。次に値が大きかった認可保育施設を中心にして、コンパスで半径2kmの円を描きます。なぜ2kmかというと、保育施設に通う子どもの大部分がこの距離内に住

んでいる可能性が高いからです。次にこの距離にある全ての認可外保育施設に電話して「今月10ヵ月の子どもがいるのですが入園できますか」と問い合わせます。ほとんどの施設が満員であれば最適の立地です。しかし認可保育施設には待機児童が多いのに認可外保育施設に空きがある場合は、要注意です。貯蓄がほとんどないために、就職して収入を得る間の認可外保育施設の保育料が負担できない人が多く居住している可能性があります。こうした地域にも保育施設が必要なことは間違いありません。しかし新制度が適応されるまでは、認可外保育施設の運営はかなり困難な立地です。

テナントを探す

　候補地が決まったらテナント探しです。「認可外保育施設指導監督基準」で求められている保育室[*12]の面積は園児1人当たり1.65m^{2}ですが、新制度で求められる基準では、0～1歳児は、園児1人当たり3.3m^2、2歳児は、園児1人当たり1.98m^{2}で、定員は19人までです。面積の算出方法については、p.87で説明しています。

　在園する園児の年齢と人数によって必要な保育室面積は、右の表のようになります。年齢ごとの定員がほぼ同数のタイプDの場合に必要な保育室面積は約54m^{2}ですが、タンスや収納、玩具箱など動かせない家具がスペースの約2割を占めるので、実質的に必要な面積は、65m^{2}ほどになります。このほかキッチンと事務室で約10m^2、出入口に下駄箱とカウンターを設置するために5m^{2}が必要なので建物の床面積としては、合計80m^{2}が必要です。

　保育室を2階に設置する場合は、耐火建築物か準耐火建築物、3階以上に設置する場合は、耐火建築物である必要があります。また2階以上は

---

*12 乳幼児の保育を行う部屋のこと。

タイプ	満年齢	園児数	保育室面積（m²）
A	0	3	20
	1	3	
	2	12	24
	合計	18	**44**
B	0	3	30
	1	6	
	2	10	20
	合計	19	**50**
C	0	6	30
	1	3	
	2	10	20
	合計	19	**50**
D	0	6	40
	1	6	
	2	7	14
	合計	19	**54**
E	0	2	14
	1	2	
	2	15	30
	合計	19	**44**
F	0	3	30
	1	6	
	2	10	20
	合計	19	**50**

実際に必要な面積 ＝ 保育室 ×1.2＋ 10m² ＋ 5m²

家具／キッチン事務室／下駄箱カウンター

第二章 認可外保育施設を立ち上げるには

非常階段が必要です。「認可外保育施設指導監督基準」では、保育室を2階に設置する場合でも非常階段は必ずしも必要ではありませんが、新制度では、設置を求められると考えられます。

「認可外保育施設指導監督基準」では必須とされておらず、新制度では求められているものがもう一つあります。それは、屋外遊戯場です。面積は、園児1人当たり3.3m^2、園児19人なら63m^2が必要になります。ただし付近の公園などを代替地としても良いことになっています。付近とは、乳幼児を連れて行ける距離ですから、保育施設から概ね500m以内に公園が必要ということになります。

これまで認可外保育施設の多くは、駅周辺の商業ビルの2階以上に開設されてきました。しかし、駅周辺はテナント料も高く、非常階段や近隣に公園が必要なことを考慮すると、新制度の利用を前提とした施設は、駅周辺より住宅地近くの空き店舗等を利用したほうが良いと考えられます。

駅前以外の立地で開園するなら、駐車場がある物件を選ぶべきでしょう。保護者の利用はもとより、従業員駐車場としても利用できるので、保育士確保の面でも有利です。いずれにしろ立地は、全ての業種において業績を左右する大きな要因です。特に保育業では、立地の善し悪しが園児募集に大きく響きます。慎重の上にも慎重に選びたいものです。

内装業者の選定と発注

　テナントが決まっても多くは、内装業者に内装工事を委託する必要があります。テナントは、家主に返却する際に現状復帰しなくてはなりません。ようするに借りた時点と同じ状況にして返却する必要があります。実際は、借り手から返却後に家主が借り手から預かっていた敷金や保証金を使って工事します。認可外保育施設で利用する可能性が高い商業ビルや空き店舗は、ほとんどの場合コンクリートの床、壁、天井がむき出しになったスケルトンと言われる状態になっています。ここを保育施設として利用できるようにするためには、先ず水道と配水管を敷設して、次に床、壁、天井を木材と石膏ボードなどでつくり、壁紙と床材を張り、電気工事と照明器具や水周り機材の取り付けといった一連の工事を行う必要があります。この工事を一括して請け負うのが内装業者です。

　いざ内装業者を探すとなると結構大変です。ネットで検索すればそれこそ山のように出てきます。

　いったい何を基準にどのように選べば良いのでしょうか。実は、基準は簡単で、信頼と価格の二つです。電化製品ならば、同一製品であれば信頼性はどこの業者で買っても同じですからネットを活用すれば最安値で手に入れることができます。しかし信頼は、ホームページを見てもわかりません。だいたいホームページを作っていない内装業者のほうが多いくらいです。このネット万能時代になぜ多くの内装業者がホームページを作らないかと言うと内装業者の顧客は、一般の人ではなく、建築業者や不動産業者など業界人であり、彼らはネットよりも付き合いを大切にしているからです。なぜ付き合いを大切にするかと言うと、実際に付き合ってみてはじめて相手の技術や人間性がわかるからです。

　ですから建築の素人が信頼できる内装業者を探すためには、信頼でき

る建設や不動産業界の知人に紹介してもらうのが最も無難です。そういう人が身近にいない場合は、テナントを紹介してくれた不動産に紹介してもらうのが次善の策でしょう。

　内装業者との打ち合わせは、必ずテナントで行います。打ち合わせ前に不動産業者からもらった平面図を基に簡単な配置図を作っておきましょう。配置図とは、どこに壁や出入口、トイレやキッチンを作るかを記した簡単なものでかまいません。これを基に内装業者と現場で実際に場所や寸法を確認していきます。この際、以下の事項については、必ず配置図か別紙に記載しコピーを内装業者に渡すようにします。

・部屋の四隅と天井までの寸法
・トイレの便器の大きさ（大人用か子ども用か）と向き
・手洗いの蛇口の数と床からの高さ（約70cm）
・コンセントの場所（そこに置く家電を想定しておく）と高さ（保育室内は、床から120cm）
・出入口のドアの幅（70cm以上）と開く向き
・台所や事務室と保育室の間の仕切り

　次に壁紙と床材を決めます。これは、内装業者からカタログを借りて一両日中に決めます。壁紙と床材は、柄物よりも白いもののほうが照明を反射して室内が明るく広く見えます。床材はクッションフロアーが汚れにくく手入れも楽です。予算が許せば厚さがあるほうがクッション性が高く安全で冬でもあまり冷たくなりません。

　照明器具は、LEDでも蛍光灯でもかまいませんが保育室は、最低700カンデラ（明るいオフィス並）は、欲しいところです。またトイレは、一般家庭より明るめの照明にしましょう。

　台所は、新制度では、キッチン程度が必要とされているので二層シンク、食器乾燥機、グリル、冷蔵庫が置けるスペースが必要です。また洗

濯機を置く場所も予め決めておきます。

　以上全てが出揃ったら内装業者に見積を依頼します。必ず工事一式の見積ではなく、積算根拠がわかる見積を作ってもらいます。

　ここから先は、あなたの考え方しだいです。紹介してもらった人の顔を立てて見積から多少の値引きをお願いしてその内装業者に発注するか、複数社から相見積をとって少しでも安いところにお願いするか、信頼性と価格を考えて決めましょう。

事業計画の立案

　その地域の待機児童や住宅開発の状況などから認可外保育施設の立地として有望であることを前提に事業計画を進めてみましょう。

　事業計画は、その事業の成功が見込めるのかを客観的に判断する資料となるものです。また金融機関に融資を依頼する場合も必要となるものです。できうる限り客観的な数字に基づいて作成する必要があります。

　予算書を作る場合は、収入から考えていきます。認可外保育施設の収入として考えられるのは、保護者からの保育料と市町村からの運営費補助金です。しかし全国的に見ると運営費補助金制度がない市町村のほうが多いので、先ずは運営費補助金がない場合を想定してみます。

　市町村からの運営費補助金がなければ収入イコール保護者からの保育料になります。それでは、保育料はどの様に決めるのかというと相場です。地域によってテナントの賃貸料は、大きな差があります。また賃貸料ほどではないにしろ人件費にも地域差があります。こうしたことから保育料にも地域ごとに相場ができます。開業を考えている周辺（主に保護者が同じ駅を利用する可能性が高い保育施設）にある認可外保育施設の保育料の下限と上限を調べ、この範囲内で保育料を設定することになります。

　この保育料に年齢構成と定員を考慮した数字をかけると収入金額がでます。例えば施設の定員を30人（最低必要な保育室面積50m^2）、0～1歳の月極保育料を65,000円、2～3歳55,000円、4～6歳を50,000円と仮定します。

　保育料の平均額は、56,000円。これに開園から半年間は10人、その後の半年間は、20人の園児がいると仮定すると初年度の保育料収入は、延べ180人×56,000円で約1,000万円。これに入園料を1人3万円と仮定する

と20人×3万円で合計60万円。さらに一時保育料を40万円と仮定して初年度の収入は、1,100万円となります。

　次年度は、最初の半年間は20人、その後の半年間は25人の園児がいると仮定すると、保育料収入は、延べ270人×56,000円で約1,500万円。これに入園料と一時保育料を足して約1,600万円が収入となります。

　次に支出です。支出の主なものは、人件費、家賃、水道光熱費などです。これらについては、p.18を参考にしてください。ただしここには、金融機関からの借入金返済が含まれていません。金利3％で1,000万円、10年払いで借り入れた場合の毎月返済額は10万円になります。

　この予算を先ほど支出の例に出したp.18の場合に当てはめてみると、収入はほぼ同額になります。しかし支出では年間120万円の借入金返済が新たに生じるので、最終的には20万円の赤字になります。

金融機関への融資申込

　認可外保育施設を開業するに必要な資金はどれくらい必要でしょうか。私は、内装工事費＋テナント保証金＋備品費100万円＋運転資金700万円が必要と考えています。例えば70m^{2}のテナントを月額30万円で賃貸し、内装工事が1m^{2}4万円でできた場合は、内装工事費280万円と保証金150万円（家賃の5ヵ月分と仮定）と運転資金800万円で1,230万円必要となります。

　しかし、テナントがコンクリートむき出しのスケルトン状態ではなく、壁や床があり壁紙と床材の張り替えと水周りの改修と照明器具の交換で済めば、内装工事費は、スケルトン状態の半分以下で済みます。また駅前を避けてテナントを探せば家賃も低くなり、保証金だけでなく運転資金も減額できます。

　もう一つ考慮していただきたいのが国や都道府県の起業・創業助成金への応募です。助成金は、計画通りにきちんと仕事をすれば返済の必要のない資金です。ネットで検索すると現在募集中の助成金が見つかります。また高齢者や若者を一定の条件で雇用した場合に受けられる助成金もあります。

　助成金を活用して金融機関からの借入を少なくできれば運営はより安定します。是非ともチャレンジしていただきたいものです。

　認可外保育施設を開業するのに必要な資金より自分の手持ち資金が少ない場合は、どこからか融資してもらう必要があります。これまで住宅ローンや自動車ローンでお付き合いしている金融機関があればそこに相談するのも一つの方法です。しかし個人が新たに起業する場合は、日本政策金融公庫に相談することをお勧めします。一般的にはあまり馴染みのない金融機関です。100％政府支出の金融機関で国の政策として個人

の起業を資金面からサポートしています。

　ほとんどの方は、自動車ローンやカードローンを利用したことはあっても金融機関に事業資金の融資を依頼したことはないと思います。融資の依頼とは、金融機関を説得することなのです。

　そして金融機関を説得するためには、資料と企画が必要です。前者は、事業が成立する背景、保育業で言えばその場所で保育施設を開業したら園児が集まってくる理由を客観的に説明できる資料と、これだけの収入と経費が見込め、その結果借入金をきちんと返済できることを示した資料です。

　またどのような事業にも挫折は付き物です。事業を継続するために試練を乗り越え続けていく企画・提案能力があることを金融機関に示す必要があります。例えば、金融機関から「園児募集はどうするのですか」と問われたときに「認可外保育施設では、園児の8割が2km圏内から来ます。また新聞を取っていない家庭も多いので募集チラシを作って最初の半年間は、毎月ポスティングをする予定です」と答えられれば相手も納得するでしょう。ようするに資料で表した大枠だけではなく、実際の作業手順も考えていることが伝わればいいのです。

コストを削減する

　認可外保育施設を安定して運営していくには、余計なコストを削減することも大切です。コスト削減の秘訣は、できることは何でも自分でやることです。

　しかし、自分でやるにしても多少のスキルは必要です。どのようなスキルがあれば何が可能か簡単な表にしてみました。また自分にそのスキルはなくてもあなたの周囲に無料で手を貸してくれたり、お友達価格でやってくれる人がいたら是非頼んでみましょう。保育業は、マンパワーが命です。様々な機会を利用して多くの仲間作りをしておけば、あなたが困ったときにきっと手助けしてくれるはずです。

特別なスキルなし		カラーボックスの組み立て カラーボックスを利用した下駄箱や洋服掛け作り
電動工具が使える		出入口カウンターづくり ベビーフェンスづくり 木製玩具づくり
パソコン	ワープロソフトや表計算ソフト（WordやExcelなど）が使える	必要な書式の作成 NPO設立申請書などの作成
	ホームページ作成ソフトが使える	ホームページの作成、更新
	グラフィックソフト（Illustratorなど）が使える	募集チラシの作成 ホームページの作成

保育室の整備

テナントを決め、内装が整ったら、備品を購入して配置し、実際に保育施設として機能する形にします。

備品を揃える

定員19人の認可外保育施設を作るのに最低どれくらいの費用が必要なのか。壁、天井、床などの内装ができていて、照明器具、エアコンが入っている場合で考えてみます。

冷蔵庫、洗濯機、パソコンなどの家電製品が30万円。寝具、玩具、絵本などの保育用品が10万円。事務用品とキッチン用品がそれぞれ3万円。消耗品に4万円で合計50万円。これにテーブルや椅子などの家具が必要です。これを保育専門用品で揃えるか、ネットや量販店で買える専門用品ではない市販品と手作り品で揃えるかでコストに大きな差が出ます。保育専門用品で揃えると軽く100万円を超えてしまいます。しかし私が保育施設を立ち上げた際に、専門用品以外の市販品と手作り品で揃えた場合は、先に挙げた家電なども合わせて合計70万円でした。これにカーテンと床のクッション、カラーボックスを活用した出入口カウンター、ツーバイフォー材で作ったベビーフェンス、手作りに必要な電動工具を足しても100万円でおつりがきます。

保育専門用品は、確かに丈夫で長持ちします。しかし専門用品でなくても十分使用に耐えます。また専門用品にこだわらなければ、より豊富なデザインから選べるので、安くても保育室に個性や統一感を持たせることもできます。要はお金をかけなくても創意と工夫ですばらしい保育室をつくることができるのです。

p.194の表は、私が園長を務めた2つの認可外保育施設の新設の際に、実際に使用した備品リストと予算を表したものです。最初の相模原市の施設では、極力コストを切り詰めた結果、70万円でそろいました。次のつくば市の施設は、カーテンだけで35万円かかりました。これは、テナントが結婚式場の関連施設のため、テナントのオーナーの意向で外から見えるカーテンは全てオーダーメイドにしたためです。カーテンも含め、総額で110万円必要でした。

　上記からもわかるように、窓の大きさや数などのテナントの状況や、品質とデザインの選択によって、備品にかかる費用は大きく変わります。

　注意しておきたいのは、室内デザインは、保護者へのアピールと従業員のモチベーションに大きく影響する点です。例えば園児用のタンスは、安価な半透明の衣装ケースでも、少し値が張る白いプラスチックのタンスでも機能面では同じです。両者の差額は、1台約5000円、7台で約35,000円。コスト面を見ると衣装ケースのほうが優れていますが、タンスは5〜7台並ぶと圧倒的な存在感があり、保育室の雰囲気を決定付けてしまいます。どちらが保護者の印象がいいかは、言うまでもないでしょう。

　おもてに出るもの、面積の大きいものに関しては、コストとデザインのバランスを、より慎重に考える必要があります。

　タンスや棚など大型の什器の購入は、サイズやデザイン、価格を選べ、配送もしてもらえるネット販売が便利です。また備品類は、130種類以上あります。一度に全て買い揃えてしまうと収拾がつかなくなってしまうので、家具、収納、電化製品と大きな物から買い揃えていきます。

出入口のレイアウト

　出入口に必要な機能は、安全確保のための二重扉と下駄箱、受付カウンターの機能です。また出入口の外にベビーカーを置くスペースがない

場合は、出入口内にこれを置くスペースが必要です。先ず、出入口の内側に靴の履き替えや受付ができるスペースを確保して、その周囲に下駄箱となるカラーボックスを並べます。そして片側を壁に固定する形で内扉を設置します。扉は、高さは60cmあれば十分ですが、幅は消防法の基準があるので70cm以上につくります。また子どもが勝手に開けないように留金を取付けます。

　靴箱にカラーボックスを使用した場合、保育室側にカラーボックスの裏板が見えてしまうので、塗装してある合板やプラ板をカラーボックス同士を繋ぐように張っていきます。カラーボックスは単体だと軽量のためすぐに倒れてしまいますが、5個以上連結してL字型になっていれば大きな地震でも先ず倒れません。しかしより一層の安全確保のため、壁と接しているカラーボックスは金具やビスで壁に固定し、ズレ防止のためにカーペット張り用の両面テープで床に固定しておきます。

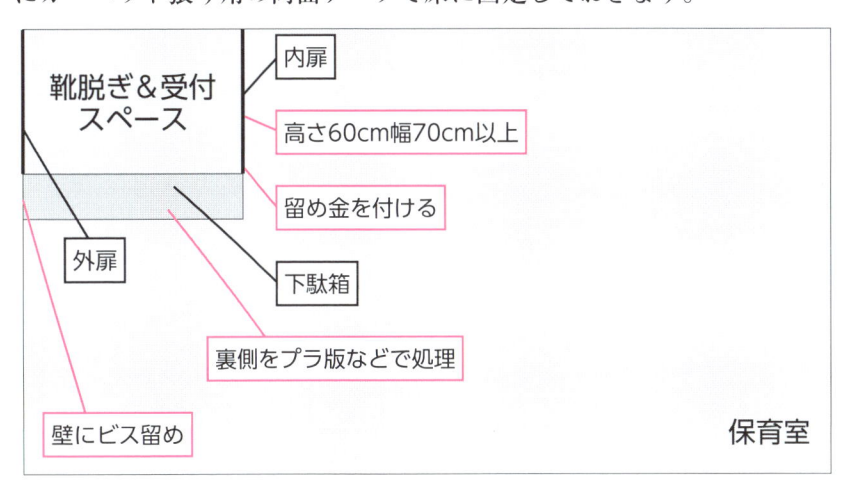

保育室のレイアウト

　保育室のレイアウトは、基本的には、大型の什器を用いて行います。具体的には、0歳から概ね2歳までの区域とそれ以上の園児の区域をタン

スや棚を用いて仕切ります。内装工事の際に壁を作ってもらったほうが見栄えは良いのですが、必ず後悔することになります。認可外保育施設は、募集してみないと何歳の子どもが何人入園するのかわかりません。極端な話をすると、0歳児ばかりだったり、5～6歳児がほとんどだったりするケースも考えられるのです。壁を作ってしまうと移動は不可能ですが、家具であれば移動することで部屋の仕切りが比較的簡単に修正できます。保育室の面積で子どもの年齢ごとの定員を設けるのではなく、子どもの年齢構成によって保育室面積を変えられる施設づくりが必要なのです。

　私が園長を務める保育園で実際にしきりに使っているタンスは、白いプラスチックのチェストと呼ばれているものです。4段式で、高さは約90cm、幅は73cmと80cmのものを使用しています。基本的には、保育室の一方の壁から対面する壁にチェストを並べて行き、横の壁との間に90cm程度の空間をつくります。この空間に高さ60cm位の扉を付けます〈写真1〉。この高さは、保育従事者は跨げて乳児は出られない高さです〈写真2〉。チェストも合板やプラ板を使って裏側で繋いでいきます〈写真3〉。合板等を留めるのにネジを使いますが、先にドリルでビスより若干小さな穴を開けてから留めます。直接ネジを当てるとプラスチックは割れてしまうためです。安全確保のため壁と接しているチェストは、金具やビスで壁に固定します。東日本大震災のとき、園があるつくば市も震度6の地震に見舞われましたが、園の8台連結してあるチェストは、倒れることもズレることもありませんでした。

```
                    ┌─ 高さ60cmの扉
    ┌─チェスト │
                  │ ┌─ 裏側をプラ版などで処理
                  │ │
                  │ │┌─ 壁にビス留め
                  │ ││
    2－5歳児用保育室  │ 0－1歳児用保育室
```

〈写真1〉

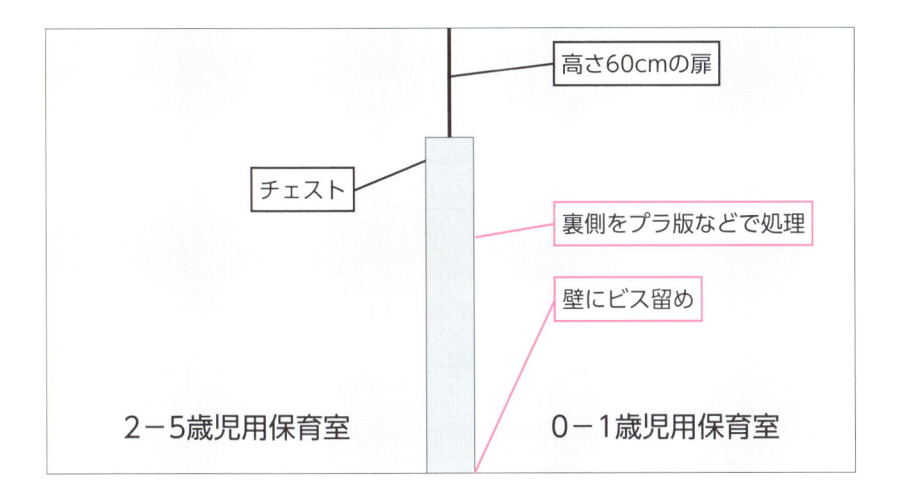

〈写真2〉

〈写真3〉

手作り保育園の勧め

　保育用品を扱う業者は多数あり、見た目も価格も様々な保育用品が売られていますが、保育施設で使うからといって、そういった専用のものを買わなければいけないということはありません。むしろ、様々な形の狭いスペースをやりくりしなければならないであろう認可外保育施設では、市販品はデッドスペースを生んでしまい、逆効果になることもあります。

　手作りすれば、必要な大きさの物が作れるのでデッドスペースがなくなります。また色も統一感のあるものができるので、安い材料を使用しても高級感が出ます。

　以前、保育室の内装を発注した業者が下駄箱もサービスでつくれると言うので、園児の靴が30人分と先生の靴が10人分入るサイズを頼みました。でき上がった下駄箱は、高さが180cmもあり、色もグレーで玄関に置くとすごく圧迫感を感じました。開園も迫っていたので結局カラーボックスを活用して下駄箱を新しく作り、いただいた下駄箱は調理室で食器棚として使用しています。

　結局、安全で使いやすく、しかも統一感のある保育室を安くつくろうとするなら自分で手作りするのが一番良いということです。また手作りであれば、壊れたり経年劣化したときも自分ですぐに安く直すことができます。

　では、実際に私が作り、保育施設で使っている家具の作り方を紹介します。

園児用下駄箱

　園児用下駄箱は、縦30cm×横40cm×高さ90cmの3段の白のカラーボ

ックスを使用して作成しました〈写真1〉。足りない横板は、幼児用洋服かけ〈写真2〉で余ったものを利用しています。部品の状態でピンクとブルーのペンキを塗ってから組み立てました。材料費は、30人用で約1万円でした。市販の保育園用の下駄箱は、30人用だと15万円位しますから大きなコストダウンが図れます。3年以上使用していますが壊れることもありません。

〈写真1〉　〈写真2〉

フェンス

　危険防止のための園児侵入防止フェンスは、2×4（ツーバイフォー）材で骨組みをつくり白いプラ板をネジで止め、シールを貼ってあります〈写真3〉。高さは約60cm。中には、ピアノ代わりのキーボード、テレビ、CD・DVDプレーヤー、園児用机と椅子が入っています。またキーボードを乗せている台は、1×4（ワンバイフォー）材で作ってあります。材料費は、全部で約2万円でした。

　下駄箱やフェンスは、簡単な日曜大工ができる方が実物を見ればすぐに作れる程度のものです。工具は、卓上丸ノコ、ジグソー、インパクトドライバーがあれば十分です。職人が使う工具は高価ですが、日曜大工用のものは、ディスカウントストアーなどで手ごろな値段で手に入ります。ちなみに〈写真4〉は、3台で約2万円で購入して3年以上使っていますが故障知らずです。

〈写真3〉 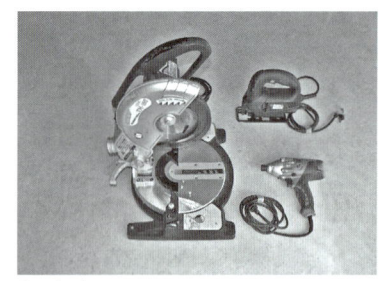　　　　　　　　　　　　〈写真4〉

おもちゃ類

　木の玩具やお散歩カーも卓上丸ノコ、ジグソー、インパクトドライバーがあれば作ることができます。みんなで遊べる大きなドールハウスやキッチン、〈写真5〉の電車をイメージしたお散歩カーも材料費だけで驚くほど安く簡単に作ることができます。〈写真6〉の3階建てのドールハウスの材料費は、約1万円、ドールハウスの手前に写っている箱車は、3台で約4,000円でできました。どれも子どもたちに大人気です。木工玩具の仕上げは、紙やすりで表面が滑らかになるまで磨きます。またニスや塗料を塗る場合は、室内用の安全性の高いものを使います。

　ドールハウスとキッチンは、保育室の玩具ケースと壁の間にぴったり収まり、奥行きも同じサイズになっています。収納すると縁が一直線になり、保育室でお遊戯やダンスをする際に子どもが体をぶつけたり、つまづいたりすることもありません。

〈写真5〉 　　　　　　　　　　　　〈写真6〉

各種届出と保険加入

　認可外保育施設を開園する際に、忘れてはならないのが役所関係の各種届出です。工事や広告など、他のことで忙しいとつい後回しにしがちですが、期間が決まっているものもあるので、確認を怠らずに必ず期間内に届けるようにしましょう。

認可外保育施設設置届

　認可外保育施設を新設した場合は、開園日から1ヵ月以内に施設所在地の都道府県知事あてに届出を行います。ただし政令指定都市（札幌市、仙台市、新潟市、さいたま市、千葉市、川崎市、横浜市、相模原市、静岡市、浜松市、名古屋市、大阪市、堺市、京都市、神戸市、岡山市、広島市、北九州市、福岡市、熊本市）は、市長あてに届出を行います。県庁や市役所の担当窓口に持っていく場合は、自治体によって窓口の名称が違うので、受付案内で聞いてください。また提出は、郵送でも可能です。なお提出を怠ったり虚偽の届出をした場合は、50万円以下の過料がかかる場合があります。

　認可外保育施設を新設するための届出には、設置者と管理者の氏名が必要です。氏名となっていますが、個人だけでなく法人でもかまいません。株式会社、社会福祉法人、NPO法人など登記簿に登記がしてあって、定款の事業内容に保育業や保育施設運営の経営が表記してあれば、どのような法人でも新設が可能です。

　設置者が法人で、管理者はそこで働いている従業員でもかまいません。またその逆も可能ですし、両方が法人や個人の場合や、設置者と管理者が同じ認可外保育施設もたくさんあります。

届出には、認可外保育施設設置届と以下の内容を記した別紙が必要です（p.172～176参照）。これは都道府県庁や政令指定都市の担当窓口でもらえます。また自治体のホームページから書式をダウンロードできます。

〈別紙の内容〉
・施設の名称及び所在地
・建物その他の設備及び構造
・事業を開始した年月日
・施設の管理者の氏名及び住所
・開所している時間
・提供するサービスの内容及び利用料
・保育している乳幼児の人数
・入所定員
・保育士その他の職員の配置及び勤務の体制
・保育する乳幼児に関して契約している保険の内容
・提携している医療機関の名称、所在地及び提携内容

認可外保育施設変更届

　設置届を提出後に以下の事項を変更した場合は、認可外保育施設変更届を提出します（p.177～178参照）。変更届は、設置届と同じ窓口でもらえます。提出は郵送でも可能です。
・施設の名称及び所在地
・設置者の氏名及び住所（法人の場合は、名称及び所在地）
・建物その他の施設の規模及び構造
・施設の管理者の氏名及び住所

　「建物その他の施設の規模及び構造」を変更した場合は、施設平面図（新旧）を添付します。

開業届出

開業（開園）してから1ヵ月以内に納税地を所轄する税務署長あてに開業届出を提出します。届出書の書式は、国税庁のホームページからダウンロードできます。提出は、郵送でも可能です。

労災保険加入手続

認可外保育施設で家族以外に1人でも職員を雇用する場合は、全て適用事業場となり保険関係が成立しますので、事業主には労災保険加入手続を行う義務があります。労災保険加入のための書類は、所在地を管轄する労働基準監督署にあります。電話すると郵送してくれます。

園児の募集

　テナントが決まったら、開業に向けて広告を出し、園児を募集しましょう。

　待機児童が多い地区に認可外保育施設を新設しても、園児は自然に集まってはきません。なぜなら知名度と信頼感がまったくないからです。保護者があなたの保育施設を知らなければ話になりませんし、最終的に保護者が保育施設を決定する決め手は、保育施設と代表者への信頼感です。そして知名度と信頼感は比例の関係にあり、知名度を上げるためには、広告が必要です。

　広告媒体には、チラシやフリーペーパーなどの紙媒体とホームページやネット広告などのウェブ媒体があります。この二つを組み合わせることで大きな広告効果を発揮することができます。

　広告は、一つ間違えると、費用の割になかなか効果が現れないやっかいなものです。その半面、広告業者の話を鵜呑みにしないで、よく研究して行えば、驚くほど低コストで高い効果が期待できるものです。

紙媒体での広告

　それでは、チラシやフリーペーパーなどの紙媒体での広告について説明します。

　費用と効果を考えれば、紙媒体のなかではチラシが圧倒的に有利です。広告される地域の広さを考えるなら、フリーペーパーへの広告掲載の方が安上がりに感じます。しかし私の経営する保育施設の例で言うと、園児の8割以上が保育施設から半径2km以内に住んでいます。また開かずの踏切や渋滞する道路がこの範囲内にあれば、朝の忙しい時間に毎日こ

れを超えて通園しようという保護者は、ほとんどいません。なので、フリーペーパーで無差別に広い地域に広告するよりも、保護者の動線を考えて、保育施設に来やすい地域を絞ってチラシを配布していくのがいいでしょう。

また若い共働き世代の半分が新聞を購読していないことを考慮すると、ポストに入園案内のチラシを入れていくポスティングが効果面から最適です。

チラシには、保育施設の保育理念と保育料のほかに園名と開園日、住所、電話番号、ホームページアドレスなどの基本情報を記載します。絶対してはいけないのが「保育料は、○○円から、相談」という記載です。保育金額を正確に書かない、あるいは書けない保育施設を保護者は、まず信頼しません。料金体系が複雑なら字を小さくして掲載すれば良いことです。別の業種からの参入であれば、どの様な理念で保育事業に参入するのか、個人であれば、顔写真と経歴、保育事業への想いなどなるべく多くの情報を記載したほうが信頼面ではプラスになります。

チラシは、ポストに入れやすいA4サイズがベストです。単色でもカラー印刷でも印刷コストはほとんど変わりません。最初は、チラシから受ける印象が保育施設の印象を左右しますから、間違っても色紙に簡易印刷したチラシなどは作るべきではありません。デザインはプロに任せるのが無難ですが、ある程度パソコンが使えれば、自分でデザインしてインターネットで発注するタイプの印刷業者を利用すると驚くほど低コストで印刷できます。

印刷枚数は、想定している範囲の戸数×5枚のチラシを予め印刷したほうが安上がりです。保育施設から半径2km圏内の町の名前と丁目を言えば、市役所の住民課で住宅戸数を教えてくれます。開園前に2回、開園後も3ヵ月間は毎月同じチラシをポスティングしていきましょう。

添付書式の募集チラシのチラシNo.1からNo.4（p.179〜p.182）は、私が作成した開園時から現在までのポスティング用園児募集チラシです。

私が全て原稿を書き、パソコンを使ってデザインし、印刷業者に発注して印刷しました。

　No.1のチラシを発行した時は、園が入る建物が完成していなかったので、同一デザインの隣接した結婚式場を外観イメージとして使用しました。保育の写真は、運営する企業が前年に新設した別の認可外保育施設の写真を使用しています。また問い合わせ先も企業になっています。3つの保育理念と保育の特色のうち「野外体験活動（自然体験活動）」以外は、どこの認可外保育施設でも唱えているもので目新しさはありません。

　No.2のチラシは、建物が完成し、園で受付業務ができるようになった時点で発行したものです。建物の外観と保育室の写真が入りました。また、問い合わせが多かった保育料を詳しく掲載しました。このチラシを施設の周囲約2kmの範囲に毎月1回、約半年間ポスティングしました。

　No.3のチラシは、私がNPO法人を立ち上げて、企業から経営を引き継いでから最初に発行したもので、No.2のチラシ同様、月1回、約半年間ポスティングしました。

　No.4のチラシは、No.3の在庫がなくなったので新たに作成しました。金太郎飴のような保育理念ではなく、実践しているプログラムとそれを担当するスタッフ体制を紹介しています。実は、このチラシは、作ってから1年近くお蔵入りになっていて1枚も配っていません。理由は、わざわざチラシをポスティングしなくても、ホームページでの園児募集だけで十分集まるようになったからです。

　チラシのポスティングは、ポスティング業者に依頼する方法もありますが、最初は、責任者が自ら行うことをお勧めします。土地勘ができ、競合する保育施設の様子もわかります。また名刺を持ち歩き、公園や路上で出会った親子連れにはあいさつして手渡します。この場合は、責任者の印象が保育施設の印象に直結します。身だしなみには気を付けましょう。

チラシは頻度が大切

　あなたが新規開園の園児募集チラシ5千枚をポスティングした場合、保護者からの問い合わせの電話は何件かかってくるでしょうか。答えは、5〜10件です。この結果に驚いて、ほとんどの人は、ポスティングを止めて他の媒体に乗り換えたり、配布する範囲を広げたりします。しかしほとんど効果はありません。皆さんのお宅のポストに自動車のチラシが入っていても、購入予定がなければ捨ててしまうでしょう。園児募集チラシも同様です。保護者が保育施設を探しているときに、たまたまポストに入っていたチラシを見て連絡してくるのです。ですから広範囲に配布するのではなく、配布頻度を増やすことが効果的なのです。もちろん配布頻度を増やすといっても限界はあります。毎週ポストに入っていたらむしろ悪影響があるでしょう。手間やコストもばかになりません。お勧めする配布頻度は、開園1週間前までに1回。その後の半年間は、毎月1回。その後は、定員の空き状況を考慮して2〜4ヶ月に一度ポスティングします。ただし一年の中で7月中旬から8月は、ポスティングしても効果があまり期待できない時期です。無理にしなくても良いでしょう。

ウェブ媒体での広告

　次にホームページやネット広告などのウェブ媒体での広告について説明します。

　今の保護者は、ネットの依存度が高いので、知りたいことがあれば、まずネットで検索します。検索でヒットしなければ、その保育園は存在しないことになってしまいます。そのためホームページは、宣伝になくてはならない広告アイテムです。

　ウェブ媒体での広告は、チラシのポスティングと比べて瞬発力は低いものの、情報量と継続力とコスト面で優れています。特に情報量は、チ

ラシと比べ物になりません。チラシに掲載できる情報量は限られています。しかしホームページであれば文章や写真だけでなく動画など訴求力のある情報を発信することができます。保育施設の広告には、チラシとホームページの組み合わせがベストなのです。新規開園の時は、定員近くまで園児を募集する必要がありますが、翌年からは退園する人数だけ募集すればいいので、ホームページだけで園児募集ができる可能性が高くなります。

　専用ソフトを使えば、簡単なホームページは比較的容易につくることができるので、自分でつくることをお勧めします。業者に頼めば初期費用と管理費がかかりますし、綺麗にできていても味がありません。保育施設を続けていくと日々の活動の様子や急な欠員による園児募集などホームページで伝えたいことが沢山出てきます。自分でホームページの更新ができれば、園児募集に有効なだけでなく、在園児の保護者も楽しみにしてくれます。

　しかし、ホームページは誰でも閲覧できますので、載せる情報の扱いには気をつけましょう。不用意に園児や保護者、保育従事者の個人情報を載せるのは厳禁です。園児の写真や動画を掲載する場合は、画像解像度を低くして顔が鮮明にわからない様にするか、保護者の了解を得てから掲載するようにします。

　ウェブ媒体の広告には、Yahoo！やGoogleで検索したときに表示される広告があります。私もGoogleの広告を利用しています。効果はと問われると、よくわからないというのが率直な気持ちです。この広告は、こちらが設定したキーワードで検索した時に広告が表示され、検索した人が広告をクリックすると課金される仕組みになっています。掲載順位は入札方式になっていて、課金額を高く設定したホームページがより上位に掲載されます。

　例えば「つくば市」「保育園」で検索するとほとんど入札相手がないので1クリック5円の設定で上位に掲載されますが、「相模原市」「保育園」

で上位に掲載されるためには、入札相手が多いので1クリックに50円以上必要になります。もちろん入札金額の上限や1日の課金額の上限を定めることはできます。それでも上位に掲載されるためには、ネットオークションと同様に頻繁にチェックする必要があって、効果的に運用するには時間と労力を使います。月額1,000円程度の負担で上位に掲示されるのなら費用対効果はありますが、それ以上かかるようであればお勧めできない広告方法です。

参考：http://www.t-harmony.or.jp/（ラ・フェリーチェ保育園）

保護者の見学への対処

　ある程度広告を出したら、入園を検討している保護者から見学したいとの申し入れがあるでしょう。その前に見学時間を決めなくてはなりません。ほとんどの保護者は、設定保育の見学を希望します。しかし自分も保育従事者として働いている場合、この時間は保育に参加しているために詳しい説明や質疑応答を含めた懇談をすることはほとんどできません。そこで見学希望の電話がかかってきたら設定保育時間の10分前に来てもらえる日を予約してもらいます。次にこの日は、あくまで見学だけで、懇談は後日になることを伝えておきます。懇談を含む面談時間は、子どもが午睡中で十分な間が確保できる午後1時からが良いでしょう。

　見学当日は、入園案内と必要な書類を保護者に先に渡しておきます。乳児を抱っこしている場合は、椅子を勧めましょう。一緒に来ている子どもに設定保育のプログラムに参加したい様子が見られた場合、スタッフに余力があればその場で参加させてもかまいません。しかし無理強いする必要はありません。

　プログラムが終了したら、保護者が面談を希望するようであれば、希望日を連絡してくれるように頼みます。ここで大切なことは、面談を無理強いしないことです。また夫婦で面談に訪れる保護者も多いので調整のため時間も必要です。

　ほとんどの保護者は、電話で申し込んでから見学に来ますが、たまに飛び込みで来る保護者や祖父母が来ます。その場合は、入園案内と必要な書類を渡し、見学は予約制であることを伝えます。

入園案内と必要な書類

「認可外保育施設指導監督基準」では、いくつかの事項を必ず利用者に書面で渡さなければならないとなっています。単独の書面や契約書に記載してもかまいません。しかし入園案内に記載したい事項とも重複するため、多くの保育施設では入園案内に必要事項を掲載する形式をとっています。

提示しなければならない事項は以下のとおりです。

1. 設置者の氏名及び住所又は名称及び所在地
2. 当該サービスの提供につき利用者が支払うべき額に関する事項
3. 施設の名称及び所在地
4. 施設の管理者の氏名及び住所
5. 当該利用者に対し提供するサービスの内容
6. 保育する乳幼児に関して契約している保険の種類、保険事故及び保険金額
7. 提携する医療機関の名称、所在地及び提携内容
8. 利用者からの苦情を受け付ける担当職員の氏名及び連絡先

入園案内には、保育理念やプログラム紹介に上記の事項を加えて作成するのがいいでしょう。

入園案内は、自分で作成してプリンターで印刷するのが効率的です。チラシなどのように大量に印刷して用意するよりも、毎回自分で印刷すれば新しいプログラムができたときなどに随時追加することができるという利点があります。

開園前の内容は、文章とイラストで十分です。実際の保育が始まったら、保育の様子を撮影して入れていきます。季節の行事や特徴的な活動をしている写真を入れていくと説得力のある入園案内になっていきます。また保育従事者の写真と資格、学歴、経験を一覧にして入園案内に掲載

しておくと、保護者の信頼感が高まります。

　入園案内と一緒に入園申込書、契約書、健康報告書、児童表もまとめて同じファイルに入れて渡せるようにしておきましょう。
参考：入園案内、入園申込書、契約書、健康報告書、児童表（付録を参照）

面談

　面談には、保護者と子どもに一緒に来園してもらいます。子どもを連れてきてもらう理由は、子どもの健康と発達状態を観察するためです。
　最初は、入園案内を基に保育理念、プログラム、保険内容、保育料等の基本情報を説明します。その後は、保護者からの質問に答えていく形で話を進めます。
　保護者からのよくある質問が体調不良時の登園についてです。私が園長を務める保育施設での方針は、p.142で紹介しています。大切なことは、明確な方針を決めて、そのことをきちんと保護者に説明することです。またインフルエンザや水疱瘡など、法律によって一定期間登園が禁止されている病気があることも説明する必要があります。
　次に子どもの健康状態と発達状態について保護者に質問します。保育者には、子どもの健康状態と発達状態を確認して、その子どもを責任を持って保育できるか否かを保護者に伝える義務があります。特に子どもの健康状態について、保育施設側として気をつける点が3点あります。心臓疾患、てんかんなどの健康リスクの高い疾患の有無、強い食物アレルギーの有無、障害の有無です。このことを保護者に質問するのは、保育施設の責任者として当然のことです。こうした症状がある子どもを受け入れるかどうかは、それぞれの保育施設が判断すべきです。ただ私は、こうした症状のある子どもこそ認可保育施設が受け入れるべきであると思います。認可保育施設では、市町村の費用でこうした子どもたちの保

育に対応するために看護師や栄養士が常駐し、障害児には、保育士を加配しています。また受入枠も設けているので、保護者にそうしたことを説明して市町村の担当者に相談するように促しています。

　保護者への説明と保護者からの質問に答えて面談は終了します。私が面談をする際は、保護者から申し出がない限り、この場では入園を勧めません。入園するしないに関係なく、来園してくれた保護者には、気持ちよく帰っていただきたいのです。

フランチャイズ保育園は、何も保証しない

　首都圏や地方都市では、認可保育施設に入りたくても入れない待機児童が増えています。こうした需要を見込んで、教育や保育と関連のなかった多くの企業や個人が保育施設の運営に参入しています。しかし見込んでいた園児が集まらず、1年もたたないで閉園する保育施設が後を絶ちません。もちろん、全国展開しているフランチャイズチェーン（FC）に加入した保育施設でも同様です。むしろ保育の素人が保育園FC会社に勧められるままに駅前のビルに開園し、ほどなく資金難から閉園に追い込まれるケースのほうが多いかもしれません。今後、新制度がはじまると、これをうたい文句に保育園FC会社の活発化が予想されます。

　私は、約2年間、FC保育園の園長を務め、またFCのコンビニエンスストアを20年間以上経営しました。その経験から安易なFCへの加入に警鐘を鳴らしたいと思います。

　FC保育園を始めるには、加盟料とフランチャイズ料で年間500万円ほど、他にテナントの保証金や家賃、設備や備品、保育スタッフの人件費と運転資金などで最低1,500万円は必要です。この金額は、コンビニエンスストアを開業するのと変わらない金額です。しかし、両者には、本部の責任分担に大きな違いがあるのです。

　FCのコンビニエンスストアでは、本部が立地調査をして、売上が計画通りに上がらなくても、契約期間中は一定の収入を保証します。コンビニエンスストアは、売上が計画どおりに上がらなければ、経営者と本部が共に苦労します。しかしFC保育園は、経営者が全てのリスクを負担します。園児が集まらず資金難から閉園することになれば、経営者は経済的に大きな痛手になるばかりでなく、保育園という性質上、地域で信用を失うことにもなりかねません。もちろん子どもを預けていた家庭

にとっても仕事を失いかねない大変な問題です。

　またFC保育園は誰でも運営できる半面、保育内容に特色がありません。特色のない保育園は、過当競争になれば価格競争やサービス合戦に巻き込まれてしまいます。私は、経営者（園長）の子育てへのこだわりやスポーツ、ボランティア活動の経験などを保育園の理念とプログラムに活かすことで特色＝競争力のある保育園をつくることができると確信してこれまで実践してきました。FC保育園は、経営者に何も保証してはくれないのです。

第三章

認可外保育施設
指導監督基準の
読み方

第三章
認可外保育施設指導監督基準の読み方

　平成13年10月、厚生労働省は、認可外保育施設の一部に存在した劣悪な保育環境を改善するために「認可外保育施設指導監督基準」の適用を開始しました。

　当時「無認可保育施設」と呼ばれていた、認可されていない保育施設は、具体的な指針もなく、監督する仕組みもありませんでした。そのため、施設のなかには、詰め込み保育など劣悪な保育環境下にあるものもありました。「認可外保育施設指導監督基準」は、これらの施設に重大事故が発生するたびに適応されていた通知を整理・強化したものです。一時預かり保育を含め定員6名以上の施設では届出が義務付けられ、立ち入り検査を含む行政機関の検査・指導強化が図られました。

　この基準は、厚生労働省のホームページで入手できます。しかし、お世辞にもわかりやすい文章とは言いがたく、現実と乖離した部分も見受けられます。また、これらの基準を満たしても保育の質は十分とは言えません。例えば子ども1人当たりの最低限の保育面積を、わずか畳1枚分の1.65m^{2}としたり、外遊び時の安全対策がないなどです。

　そこでこの章では、基準の項目ごとにその解説と、基準に書かれていないが必要と思われる内容を示していきます。この基準の文章内にも、「考え方」として補足が掲載されていますが、わかりにくくなってしまうため、ここでは「考え方」は一部を除き掲載しません。

　また新制度では、この基準以上のものが求められています。ここでは、新制度を利用するための条件を、「新制度の基準」として解説しています。「新制度の基準」がない項目は、いままでの基準に沿っていれば良いということになります。

❶ 保育に従事する者の数及び資格

認可外　基準

(1) 保育に従事する者の数は、主たる開所時間である11時間（施設の開所時間が11時間を下回る場合にあっては、当該時間）については、概ね児童福祉施設最低基準（以下「最低基準」という。）第33条第2項に定める数以上であること。ただし、2人を下回ってはならないこと。また、11時間を超える時間帯については、現に保育されている児童が1人である場合を除き、常時2人以上配置すること。

解説

　認可外保育施設でもスタッフ（以下「保育従事者」）1人が保育できる子どもの人数は、法律で決まっています。施設において児童数が多い11時間（通常開園している時間）については、児童福祉施設最低基準第33条第2項に規定する以上の保育従事者が必要です。ただし通常開園時間を超える時間帯については、最低2人の保育従事者が、配置されていれば良いとされています。

児童福祉施設最低基準第33条第2項（抜粋）
保育士の数は、乳児おおむね三人につき一人以上、満一歳以上満三歳に満たない幼児おおむね六人につき一人以上、満三歳以上満四歳に満たない幼児おおむね二十人につき一人以上

　ほとんどの認可外保育施設は、異年齢児を混合保育しています。そのため保育従事者の人数算出は、次のように行います。
　0歳児3人につき保育従事者1人→0歳児1人につき0.33人

1〜2歳児6人につき保育従事者1人→1〜2歳児1人につき0.16人
3歳児20人につき保育従事者1人→3歳児1人につき0.05人
4〜6歳児30人につき保育従事者1人→4〜6歳児1人につき0.03人

例　0歳4人、1〜2歳児8人、3歳6人、4〜6歳7人の合計25人の場合
　　$\boxed{4人\times0.33}$ ＋ $\boxed{8人\times0.16}$ ＋ $\boxed{6人\times0.05}$ ＋ $\boxed{7人\times0.03}$
　　＝　3.11≒3人（小数第一位を四捨五入）

　思いのほか少ない人数です。室内で遊ばせて、安全管理を行うだけなら可能ですが、きちんとした保育をするには全く人数が足りません。食事や設定保育（外遊び、創作、お遊戯等）は、不可能です。0歳と1〜2歳は、経験が長い保育従事者であれば保育可能な人数です。しかし3歳児以上をきちんと保育しようと思えば、基準の倍、3歳児なら10人、4〜6歳児なら15人位が限界です。目安として、受入やおやつ、設定保育、昼食とプログラムが集中する午前中の保育従事者は、年齢に関わりなく子ども5人に対して保育従事者1人。午後は、お散歩など人手が必要なプログラムがなければ子ども8人に対して保育従事者1人で十分です。園児25名なら午前中5人、午後は3人の保育従事者が必要です。
　ちなみに子どもの年齢は、認可保育施設の場合は、小中学校と同じく4月1日を基準とした満年齢ですが、認可外保育施設では、誕生日を基準とした年齢を用います。

新制度の基準

　新制度の認可基準で、従来の認可外保育施設の基準から大きく変わるのが保育に従事する者の数及び資格要件です。
　新制度の対象者は、0〜2歳児となり、3歳児以上は対象外になります。年齢も誕生日を基準としたものから小中学校と同じく4月1日を基準とした満年齢になります。

保育従事者の人数は、認可外保育施設と同様に0歳児3人につき保育従事者1人、1～2歳児6人につき保育従事者1人ですが、このほかに保育従事者を1人追加配置する必要があります。

> **認可外　基準**
> (2)　保育に従事する者の概ね3分の1（保育に従事する者が2人の施設及び（1）における1人が配置されている時間帯にあっては、1人）以上は、保育士又は看護師の資格を有する者であること。

解説

　「概ね」をどのように判断するのか意見が分かれるところです。「概ね」は「だいたい」という意味ではありますが、検査は、認可外保育施設での事故防止の観点から厳しくなる傾向にあります。3分の1を最低基準ととらえ、できるだけ有資格者を増やすようにしましょう。

　市町村によっては保育士又は看護師以外に幼稚園教諭免許取得者でも良いとしているところもあります。私的な見解では、出産・子育ての経験がある幼稚園教諭は、保育従事者として十分通用する人が多いようです。

　保育士不足は、今後ますます深刻化します。幼稚園教諭免許取得者は、保育士資格試験を受験する際に実技と筆記試験のうちいくつかの科目が免除されるなどの優遇措置があります。また保育士資格に必要な科目を大学や短大の通信教育で受講する方法もあります。幼稚園教諭免許取得者を採用して、働きながら保育士資格試験を受験してもらうのも良い方法です。

　また、保育士又は看護師以外の保育従事者には、資格条件はありません。

新制度の基準

　新制度の認可基準と認可外保育施設の基準で最も変わるのが保育従事者の資格要件です。

新制度では、保育従事者の2分の1以上が保育士又は看護師である必要があります。なお保育士又は看護師の比率が上昇した場合（例えば4分の3となった場合）は、助成金が段階的に引き上げられる予定です。

　また、保育士又は看護師以外の保育従事者にも保育の質の観点から一定の研修を受けることが求められます。この研修は、市町村が実施し、受講者を保育補助者として認定します。新たに保育に携わる職員を募集する際も、保育士又は看護師か保育補助者の講習を受けている人を採用しなくてはならないことになります。

　保育補助者の講習については、「小規模保育」を行う施設の性質を踏まえた研修内容（ガイドライン）が定まっていないため、平成27年度の新制度施行までは、家庭的保育者（いわゆる保育ママ）補助者に対する基礎研修を受講すれば良いことになっています。

認可外　基準

(3) 常時、保育に従事する者が、複数、配置されるものであること。

解説

　保育従事者の人数は、第1項で定められています。しかし、例えば園内に0歳児が3人以下であったり1歳児が6人以下の場合、保育従事者は1名ではなく2名必要になります。ようするに園内に子どもが2人以上いる場合は、保育従事者も2人以上必要になります。ただし市町村によっては、11時間を超える時間帯でなくても、園内に子どもが1人しかいない場合は、保育従事者も1名で良いとされています。

新制度の基準

　新制度では、保育に従事する職員を従来の基準より1人多く追加配置することが定められているので、開園時に子どもが1人以上いれば、職員は2人必要になります。

> **認可外 基準**
>
> (4) 保育士でない者を保育士又は保母、保父等これに紛らわしい名称で使用してはならないこと。

解説

保育士資格のない保育従事者を、施設内や園児募集時（募集チラシ・ホームページへの記載、面接時の説明）に「保母」「保父」など保育士と紛らわしい名称を使用した場合には、30万円以下の罰金が科せられる場合があります。保育士資格のない保育従事者は、「保育従事者」、「保育スタッフ」等の保育士と誤認されないような名称を使います。

新制度の基準

新制度でも保育士と紛らわしい名称を使用した場合には、30万円以下の罰金が科せられる場合があります。

新制度の保育従事者は、保育士又は看護師資格を保持している人か、自治体が行う研修を受講した保育補助者に限られます。保育補助者については、「保育補助者」、「保育スタッフ」等の保育士と誤認されないような名称を使います。

❷ 保育室等の構造設備及び面積

> **認可外 基準**
> （1）乳幼児の保育を行う部屋（以下「保育室」という。）のほか、調理室及び便所があること。

解説

　部屋は完全に分かれている必要はなく、調理室と保育室が明確に区切られていれば問題ありません。その場合、子どもが調理室へ立ち入らないように保育室との間に施錠できる扉を設けます。そうすると、子どもは調理室に入れないので、手を洗う場所を保育室等に設ける必要があります。手洗い場は幼児が日常的に使用するので、蛇口は床から約70cmの高さにします。

　調理室の面積や設備の基準はありません。給食を自園調理するのなら園児の定員分の食事が用意できる設備と面積が必要です。設備では、グリル、冷蔵庫、炊飯器、電子レンジなどで定員が20人以下であれば家庭用のものでも問題ありません。20人以上になると業務用の設備でないと能力が不足します。また配膳スペースも考慮する必要があります。

　認可外保育施設では、給食を自園調理しても給食業者に委託しても良いことになっています。給食業者に委託する場合は、調乳ができる設備とおやつにする食品と食器を衛生的に保管できる設備が整っていれば問題ありません。調乳には、熱湯と哺乳瓶を煮沸消毒する設備が必要とされています。熱湯は、電気ポットを使用します。哺乳瓶の煮沸消毒は、電子レンジを使って煮沸消毒できる容器を利用すると便利です。最低限の備品として電気ポット、電子レンジ、冷蔵庫、食器乾燥機、食器棚が必要です。

新制度の基準

　新制度では、給食を自園調理することが基本となり、キッチン程度の調理設備が求められています。キッチン程度の調理設備とは、0～2歳児19人の食事が調理できる設備と考えられます。また自園調理とはいっても全て素材からつくる必要はなく、冷凍食品やチルド食品を使用しても問題はありません。

　認可外保育施設から新制度の利用を考える際に最も悩む方が多いのがこの点です。認可外保育施設では、多くが給食を業者委託しています。そのため調理室が狭くキッチン程度とはいえ調理設備を新たに設けるのは大変です。また調理器具を購入するだけでなく設備工事も必要になります。そのため認可外保育施設から新制度に移行する場合は、平成32年3月末までの間にキッチンをつくることを前提に経過措置を設けることになっています。したがって平成32年3月末までは、給食を給食業者に委託しても良いことになります。

認可外　基準

(2) 保育室の面積は、概ね乳幼児1人当たり1.65m^{2}以上であること。

解説

　乳幼児1人当たり1.65m^{2}以上というのは、保育室の実際の面積から手洗い場や洋服ダンスなど簡単に移動できない物の面積を引いて、最大園児人数（月極め保育＋一時保育）で割った値が1.65m^{2}以上あれば良いということです。テーブルや椅子、持ち上げて移動できる玩具箱など簡単に片付けられるものは引く面積に入れません。またベビーベッドは、簡単に移動はできませんがテーブルや椅子と同様に面積に入れなくて良いことになっています。

　しかし1人当たり1.65m^{2}というのは、想像以上に狭い面積です。実際に見ていると、この面積だと子ども同士がぶつかることが頻発して園児、

職員共に日常的にストレスを感じます。保育の質を考えると約2m²は欲しいところです。

> **新制度の基準**

　新制度では、0〜1歳児は、乳児室又はほふく室[*13]として1人当たり3.3m²、2歳児は、保育室として1人当たり1.98m²必要になります。これだけの面積があれば園児、職員共に狭さにストレスを感じることはないと思われます。

　0〜1歳児と2歳児の1人当たり面積に大きな差があるため、園児の年齢構成によって必要な保育面積も大きく変わります。極端な例では、定員19人全員が0〜1歳児の場合に必要な保育室の面積は約63m²、全員が2歳児の場合は約38m²。同じ定員でも必要な保育室面積に2倍近い差が出ます。0、1、2歳がそれぞれ6名で計18名と一時保育1名（0歳児と仮定）の合計19名を定員とする場合は、保育室の実質面積は約47m²必要になります。

> **認可外　基準**

(3) 乳児（概ね満一歳未満の児童をいう。）の保育を行う場所は、幼児の保育を行う場所と区画されており、かつ安全性が確保されていること。

> **解説**

　基準では、事故防止の観点から、0歳児の乳児の保育を行う場所と1歳児以上の幼児の保育を行う場所は、別の部屋とすることが望ましく、やむを得ず部屋を別にできない場合は、明確な段差やベビーフェンス等で区画することとされています。

[*13] 乳児が自由に入って、動き回れる保育室のこと。2歳未満児を入所させる保育施設では、児童福祉施設の最低基準に、その設置が定められている。必要な面積は0、1歳児についてほふく（ハイハイ）を始めた時点から1人当たり3.3m²以上と定められている。

しかし、1～2歳の子どもの運動能力には、かなり個人差があります。走ることができるようになった子どもをハイハイや伝い歩きしかできない子どもと一緒の部屋で保育を行うと危険です。1歳6ヵ月前後を目安に運動能力の発達を見ながら部屋を変えるべきです。

　ビルの一室や空き店舗を利用して認可外保育施設を開園する場合は、衣装タンスやカラーボックス等を連結して区画をつくります。内装工事で壁をつくるよりコストもかからず、またタンスを移動させることによって園児の年齢と人数の変化にもすぐに対応できる利点があります。乳児室は、壁で囲ったほうが防音面では優れているのですが、その反面目が届かなくなり危険性も高くなります。

　段差やベビーフェンス等で保育室を区分する際は、段差やベビーフェンス等の高さを床から60cm程度にすると幼児は自力で超えることが難しく、職員は跨いで移動することができて便利です。

新制度の基準

　新制度では0～1歳児は、乳児室又はほふく室、2歳児は保育室で保育し、その面積は、0～1歳児は1人当たり3.3m^2、2歳児は1人当たり1.98m^{2}と定められています。

認可外　基準

(4) 保育室は、採光及び換気が確保されていること。また、安全が確保されていること。

解　説

　保育室には窓があり日の光が取り込めること、また窓や換気扇で換気できることが求められています。窓のサイズなどに具体的な数値基準はありません。安全面では、窓からの落下防止、家具の転倒防止、テレビ等の落下防止措置をとります。また出入り口を二重扉にして、子どもが

勝手に園外に出られないようにすると同時に不審者の侵入も防止します。

また、備品の安全な使用も求められています。特に同一のベビーベッドに2人以上の子どもを寝かせることは、安全確保の観点から極めて危険です。

> **認可外　基準**
>
> (5) 便所には手洗設備が設けられているとともに、保育室及び調理室と区画されており、かつ子どもが安全に使用できるものであること。便所の数はおおむね幼児20人につき1以上であること。

解説

トイレに手洗設備を設けることになっていますが、ビルのテナント等のトイレに新たに洗面台を設けることは困難です。また子どもが手洗い後に使用するタオルは、一人ひとり別のタオルを使用できる状態でないと、検査で指摘されます。それを言葉通りに解釈すると、トイレにタオルを数十枚吊るさなくてはならないことになりますが、面積から考えても困難ですし、衛生的でもありません。

ではどうするかというと、トイレの手洗設備として水洗タンク上部に手洗いノズルの付いたものを使用し、手洗い後に使用するタオルは紙タオルを設置することで基準を満たしていると判断されます。

また、トイレは、毎日清掃して衛生面に配慮するとともに安全面にも考慮する必要があります。衛生面では、便器と床の隙間に尿が入ると拭き取れず臭いの原因になるので、浴室用のシリコン系充填剤で塞いでおきます。安全面では、子どもがトイレの扉のカギを掛けないように常時扉にストッパーを付けておきます。またトイレ用洗剤、消臭剤等は子どもの手の届かない場所に保管します。

また調理室も使用後は必ず清掃して衛生的な状態が保たれていることが必要です。

❸ 非常災害に対する措置

> **認可外　基準**
> (1) 消火用具、非常口その他非常災害に必要な設備が設けられていること。

> **解説**
> 　消火器と火災報知機の設置が義務付けられています。消火器は、定期点検が必要なため量販店ではなく消火器販売店で購入と定期点検の契約をします。また面積や定員によっては防火責任者を置く必要があります。近隣の消防署に相談すると詳しく教えてくれます。
> 　カーテンや絨毯は、消防法に定められた防炎用品を使用します。量販店で販売しているウレタンのブロックマットは、防炎用品ではないので消防署の立ち入り検査で指摘を受ける場合があります。
> 　市町村によっては、非常口の幅は70cm以上必要です。出入り口も非常時にも使用するので70cm以上の幅が必要ですし、中扉を設置した場合もこの幅が適応されます。
> 　施設への立ち入り検査は、市町村の担当課と消防署が通常年1回行います。防火設備や基準については、市町村の立ち入り検査で指摘されなくても消防署の検査では指摘されることがあります。いずれにしろ指摘された点については、早急に対処して報告書を提出します。

> **認可外　基準**
> (2) 非常災害に対する具体的計画を立て、これに対する定期的な訓練を実施すること。

> **解説**

　児童福祉法により、毎月1回、非常災害に対する避難訓練の実施と記録が義務付けられています。市町村によっては、これとは別に年2回、不審者侵入を想定した避難訓練の実施と記録が義務付けられています。記録は、記録用紙に実施日時、参加人数、災害想定、訓練内容等を記録します。パソコンデータでの記録は認められていません。p.197の書式も参考にして下さい。

❹ 保育室を2階以上に設ける場合の条件

> 認可外　基準

(1) 保育室を2階に設ける建物には、保育室その他乳幼児が出入りし又は通行する場所に、乳幼児の転落事故を防止する設備が設けられていること。

　なお、保育室を2階に設ける建物が次のイ及びロをいずれも満たさない場合においては、3に規定する設備の設置及び訓練に特に留意すること。

　イ　建築基準法第2条第9号の2に規定する耐火建築物又は第2条第9号の3に規定する準耐火建築物（同号ロに該当するものを除く。）であること。

　ロ　乳幼児の避難に適した構造の下表に掲げる（い）欄及び（ろ）欄に掲げる施設又は設備がそれぞれ1以上設けられていること。

（い）	① 屋内階段 ② 屋外階段
（ろ）	① 建築基準法施行令第123条第1項に規定する構造の屋内避難階段又は第3項に規定する構造の屋内特別避難階段 ② 待避上有効なバルコニー ③ 建築基準法第2条第7号の2に規定する準耐火構造の傾斜路又はこれに準ずる設備 ④ 屋外階段

> **解説**

　保育室を2階に設ける場合に必ず行わなければならないのが、窓と階段からの転落防止設備を設けることです。窓の高さが床から高い位置にあっても子どもが椅子や玩具箱を踏み台にして登り、転落する可能性があります。窓には、床から110cmの位置までは面格子などの転落防止設備を設けます。面格子の幅は、市販品は11cm以下になっています。この幅は子どもの頭は通らないものの、体は通る可能性があります。9cm以下であれば体も通りません。

　ベビーベッドを窓際に設置する場合は、特に注意が必要です。子どもは、ベビーベッドの囲いを足場にしてよじ登る可能性があるため、窓の全面を面格子で覆う必要があります。

　建物は、鉄筋コンクリート工法等の耐火建築物や鉄骨コンクリートパネル工法等の準耐火建築物であることが求められています。さらに屋外階段、屋内避難階段、非常用滑り台、待避上有効なバルコニーを一つ以上設けられていることを求めています。

　待避上有効なバルコニーとは、「基準」の「考え方」内に、以下のように示されています。

○　待避上有効なバルコニーとは以下の要件を満たすものとする。
　①　バルコニーの床は準耐火構造とする。
　②　バルコニーは十分に外気に開放されていること。
　③　バルコニーの各部分から2m以内にある当該建築物の外壁は準耐火構造とし、その部分に開口部がある場合は建築基準法第2条第9号の2ロに規定する防火設備とすること。
　④　屋内からバルコニーに通じる出入口の戸の幅は0.75m以上、高さは1.8m以上、下端の床面からの高さは0.15m以下とすること。
　⑤　その階の保育室の面積の概ね1／8以上の面積を有し、幅員3.5m以上の道路又は空地に面していること。

なお、待避上有効なバルコニーは、建築基準法上の直通階段には該当しないため、建築基準法施行令第120条及び第121条に基づき、原則として保育室から50m以内に直通階段を設置しなければならない。

○　傾斜路に準ずる設備とは、2階に限っては非常用すべり台をいうものである。
○　積雪地域において、屋外階段等外気に開放された部分を避難路とする場合は、乳幼児の避難に支障が生じないよう、必要な防護措置を講じること。
○　人工地盤及び立体的遊歩道が、保育施設を設置する建物の途中階に接続し、当該階が建築基準法施行令第13条の3に規定する避難階（直接地上へ通ず出入口のある階）と認められる場合にあっては、本基準の適用に際して当該階を1階とみなして差し支えないこと。この場合、建築主事と連携を図ること。

　積雪地域では、屋外階段を避難路とする場合は、乳幼児の避難に支障が生じないよう、屋根や滑り止め等の必要な防護措置を講じることが求められています。
　また駅ビル等に見られる立体的遊歩道に直接出られる出入り口がある保育施設は、1階にあるとみなされます。
　上記のように保育室を2階以上に設ける場合の条件はかなり厳しく、厳密に解釈すると木造住宅の2階や小規模な商業施設のテナントの2階に保育室を設けることは不可能になってしまいます。しかし、この基準が採用される以前につくられた認可外保育施設が条件を満たしていない場合の緩和措置として、条件を満たしていない施設は、①消火用具、非常口その他非常災害に必要な設備が設けられていること、②非常災害に対する具体的計画を立て、これに対する定期的な訓練を実施することに留意することを求めています。

> **新制度の基準**

　新制度では、保育室等を2階以上に設置する場合は、耐火・準耐火建築物であることが求められます。また避難階段については、当面、現行の認可保育施設に準じた取り扱いと同様としつつ、認可保育施設の避難階段に関する規制の見直しを踏まえ、今後、準じて見直しとしています。

> **認可外　基準**

(2) 保育室を3階に設ける建物は、以下のイからトまでのいずれも満たすこと。

　　イ　建築基準法第2条第9号の2に規定する耐火建築物であること。
　　ロ　乳幼児の避難に適した構造の下表に掲げる（い）欄及び（ろ）欄に掲げる施設又は設備がそれぞれ1以上設けられていること。

　この場合において、これらの施設又は設備は避難上有効な位置に設けられ、かつ、保育室の各部分からその一に至る歩行距離がいずれも30m以下となるように設けられていること。

（い）	①　建築基準法施行令第123条第1項に規定する構造の屋内避難階段又は第3項に規定する屋内特別避難階段 ②　屋外階段
（ろ）	①　建築基準法施行令第123条第1項に規定する構造の屋内避難階段又は第3項に規定する構造の屋内特別避難階段 ②　建築基準法第2条第7号に規定する耐火構造の傾斜路又はこれに準ずる設備 ③　屋外階段

ハ　保育施設の調理室以外の部分と調理室を建築基準法第2条第7号に規定する耐火構造の床若しくは壁又は建築基準法施行令第112条第1項に規定する特定防火設備で区画し、換気、暖房又は冷房の設備の風道が、当該床若しくは壁を貫通する部分又はこれに近接する部分に防火上有効にダンパーが設けられていること。ただし、次のいずれかに該当する場合においては、この限りでない。

　　①　保育施設の調理室の部分にスプリンクラー設備その他これに類するもので自動式のものが設けられている場合
　　②　保育施設の調理室において調理用器具の種類に応じ有効な自動消火装置が設けられ、かつ、当該調理室の外部への延焼を防止するために必要な措置が講じられている場合

○　当該建物の保育施設と保育施設以外の用途に供する部分との異種用途の耐火区画については、建築基準法施行令第112条第13項に基づき設置すること。
○　スプリンクラー設備及びこれに類するもので自動式のものを設置する場合は、乳幼児の火遊び防止のための必要な進入防止措置がされていれば、保育室と調理室部分との耐火区画の設置要件が緩和されることとなる。
○　調理器具の種類に応じて適切で有効な自動消火装置（レンジ用自動消火装置、フライヤー用自動消火装置等）を設置する場合は、乳幼児の火遊び防止のための必要な進入防止措置と外部への延焼防止措置（不燃材料で造った壁、柱、床及び天井での区画がなされ、防火設備又は不燃扉を設ける等）の両措置がなされていれば、保育室と調理室部分との耐火区画の設置要件が緩和されることとなる。
○　ダンパー　ボイラーなどの煙道や空調装置の空気通路に設けて、煙

の排出量、空気の流量を調節するための装置である。
　　ニ　保育施設の壁及び天井の室内に面する部分の仕上げを不燃材料でしていること。
　　ホ　保育室その他乳幼児が出入りし、又は通行する場所に、乳幼児の転落事故を防止する設備が設けられていること。
　　ヘ　非常警報器具又は非常警報設備及び消防機関へ火災を通報する設備が設けられていること。

○　非常警報器具　警鐘、携帯用拡声器、手動式サイレン等である。
○　非常警報設備　非常ベル、自動式サイレン、放送設備等である。

　　ト　保育施設のカーテン、敷物、建具等で可燃性のものについて防炎処理が施されていること。

解説

　保育室を3階に設ける場合は、2階に設ける場合より、より高度な防火建築と防火設備の設置が求められます。

　建物は、鉄筋コンクリート造りの耐火建築物でなければなりません。保育施設の内装は、不燃材料で作る必要があります。拡声器や非常ベルの設置も必要です。また、隣のテナントとの間に耐火区画を設ける必要があります。耐火区画は、保育室と調理室との間にも必要ですが不燃構造等の延焼防止措置がなされ自動式のスプリンクラーと自動消火装置付きの調理器具を設置する場合は、耐火区画の設置要件が緩和されます。

　またカーテン、敷物だけでなくドア等の建具にも防災処理されているものを使用しなければなりません。また防炎であることを表示する必要もあります。

認可外 基準

(3) 保育室を4階以上に設ける建物は、以下のイからトまでのいずれも満たすこと。

イ　建築基準法第2条第9号の2に規定する耐火建築物であること。
ロ　乳幼児の避難に適した構造の下表に掲げる（い）欄及び（ろ）欄に掲げる施設又は設備がそれぞれ1以上設けられていること。
　　この場合において、これらの施設又は設備は避難上有効な位置に設けられ、かつ、保育室の各部分からその一に至る歩行距離がいずれも30m以下となるように設けられていること。

（い）	①　建築基準法施行令第123条第1項に規定する屋内避難階段又は第3項に規定する構造の屋内特別避難階段 ②　建築基準法施行令第123条第2項に規定する構造の屋外階段
（ろ）	建築基準法施行令第123条第2項に規定する屋外階段

ハ　保育施設の調理室以外の部分と調理室を建築基準法第2条第7号に規定する耐火構造の床若しくは壁又は建築基準法施行令第112条第1項に規定する特定防火設備で区画し、換気、暖房又は冷房の設備の風道が、当該床若しくは壁を貫通する部分又はこれに近接する部分に防火上有効にダンパーが設けられていること。ただし、次のいずれかに該当する場合においては、この限りでない。

①　保育施設の調理室の部分にスプリンクラー設備その他これに類するもので自動式のものが設けられている場合
②　保育施設の調理室において調理用器具の種類に応じ有効な自動

消火装置が設けられ、かつ、当該調理室の外部への延焼を防止するために必要な措置が講じられている場合

ニ　保育施設の壁及び天井の室内に面する部分の仕上げを不燃材料でしていること。
ホ　保育室その他乳幼児が出入りし、又は通行する場所に、乳幼児の転落事故を防止する設備が設けられていること。
ヘ　非常警報器具又は非常警報設備及び消防機関へ火災を通報する設備が設けられていること。
ト　保育施設のカーテン、敷物、建具等で可燃性のものについて防炎処理が施されていること。

解説

　保育室を4階以上に設ける場合は、3階に設ける場合と比べて、建築基準法施行令第123条第2項に規定する屋外階段（一般の屋外階段より防火構造と設備を充実させたもの）が必要になります。また4階以上では何階であっても4階と同様の設備が必要となります。

❺ 保育内容

> **認可外　基準**
>
> （1）保育の内容
> ア　児童一人一人の心身の発育や発達の状況を把握し、保育内容を工夫すること。

解説

　子どもの心身の発達状況に対応した保育が子どもの健全な発育・発達にとって不可欠であることを認識することが必要です。子どもの年齢（各発達区分）ごとの保育上の主な留意事項は「基準」の「考え方」内にも示されており、以下の囲みのようになっています。しかし、子どもへの適切な関わりについて理解するためには、保育所保育指針[*14]を理解することが不可欠であるとしています。

> [6か月未満児]
> ・心身の機能の未熟性を理解したうえ、笑う、泣くという表情の変化や体の動きなどの行動が、乳児の生理的及び心理的な欲求の表現であることに気づき、感性豊かに受け止め、優しく体と言葉で応答するよう努めているか。

[*14] 保育所保育指針とは、厚生労働大臣より告示された指針。保育の役割や社会的責任目標、方法、環境などを保育所が遵守しなければならない基本原則として、児童福祉法を根拠に定めている。平成21年からはこの指針に基づく保育施設の指導監査が実施されている。

[6か月から1歳3か月未満児]
・一人一人の生理的及び心理的な欲求に応え、愛情を込めた応答的関わりにより、情緒の安定と、歩行や言葉の獲得に向けた援助をしているか。

[1歳3か月から2歳未満児]
・生活空間の広がりとともに自我が芽生える時期であり、自発性を高めるよう応答的に関わるとともに、歩行の確立により、盛んになる探索活動が一人一人十分できるように環境を整えているか。

[2歳児]
・生活に必要な行動が徐々にできるようになるとともに、自我が育つ時期であり、一人一人の気持ちを受け止め、援助しているか。また、模倣やごっこ遊びの中で保育者が仲立ちすることにより、友達と一緒に遊ぶ楽しさを次第に体験できるようにしているか。

[3歳児]
・遊びや生活において、他の児童との関係が重要になってくる時期であり、仲間同士の遊びの中で、一人一人の児童の興味や欲求を十分満足させるように適切に援助しているか。

[4歳児]
・自意識が生まれ、他人の存在も意識できるようになり、心の葛藤も体験する時期である。保育者はこのような心の動きを十分に察し、共感し、ある時は励ますことなどにより、児童の情緒を豊かにし、他人を気遣う感受性を育むよう努めているか。

[5歳児]
・自分なりの判断で行動するなど、自主性や自律性が身に付く時期であり、集団活動が充実し、ルールを守ることの必要性も理解する時期である。保育者は、児童の主体的な活動を促すため多様な関わりを持ち、児童の発達に必要な豊かな体験が得られるよう援助しているか。

[6歳児]
・探求心や好奇心が旺盛となり、知識欲も増してくる。集団遊びも、一人一人の好みや個性に応じた立場で行動するなど役割分担が生じ、組織だった共同遊びが多くなる。遊びや集団活動において、一人一人の創意工夫やアイデアが生かされるよう様々な環境の設定に留意しているか。

新制度の基準

　新制度の対象は0～2歳ですが、2歳後半で3歳児程度の発育・発達をしている子どもがいることを留意して、一人ひとりの児童の興味や欲求を十分満足させるような保育を進めます。

認可外　基準

イ　乳幼児の安全で清潔な環境や健康的な生活リズム（遊び、運動、睡眠等）に十分配慮がなされた保育の計画を定めること。

解説

　規則正しい生活は、健康を保つ秘訣です。特に乳幼児は、睡眠時間がずれたり、少なくなると体調を崩し、病気にかかり易くなります。そのため生活リズムに配慮した保育計画（デイリープログラム等）を定めることが求められています。

また保育室を安全で清潔な住環境に保つ必要があります。家具の転倒や備品の落下を防止する仕組みをつくるだけでなく、家具の破損など危険性が感じられた場合は、すぐに使用を中止します。清潔な住環境を保つためには、汚れたら掃除をするのではなく、毎日1回以上時間を決めて清掃をすることが大切です。

　子どもの体の清潔を保つことも必要です。嘔吐や便で体が汚れた場合は、必要に応じて入浴や身体を拭いて児童の身体の清潔さを保つことが必要です。

　子どもの嘔吐物や便が床などに付いた場合は、必ず嘔吐物や便に塩素系の殺菌消毒剤ピューラックス（株式会社オーヤラックス）を水で100倍程度に希釈した水溶液を散布してからふき取ります。保育施設で一般的に使用している消毒剤は、逆性石鹸か塩素系の殺菌剤です。逆性石鹸は、殺菌力は高いのですが流行性胃腸炎の原因であるロタウイルスやノロウイルスには、効果が低いです。流行性胃腸炎の顕著な症状は嘔吐や下痢であることから、これらの消毒には、塩素系殺菌剤が適していると考えられます。またこれらのウイルスは、殺菌効果がうたわれている洗濯洗剤でも完全には殺菌できません。洗濯後、乾かした洗濯物からウイルスが舞い上がり新たな感染源になると言われています。そのため嘔吐物や便が付いた衣服や寝具を洗う際にも洗濯洗剤と一緒に塩素系殺菌剤を入れて洗濯すると感染防止に効果的です。

デイリープログラムと子ども・職員の動き（例）

時間	プログラム	子どもの動き	職員の動き
7:30	開園	健康チェック 持ち物片付け トイレトレーニング 手洗い 保育室で自由遊び	健康チェック実施 持ち物片付け指導 トイレ指導 手洗い指導 自由遊び安全管理 オムツ換え

時間	プログラム	子どもの動き	職員の動き
9:00	おやつ	玩具片付け 手洗い 食事 うがい、手洗い	玩具等片付け指導 手洗い指導 おやつ用意 食事指導 食器等後片付け
9:20	朝の会	椅子移動 あいさつと点呼 歌とリトミック	椅子移動指導 あいさつと点呼 歌とリトミック指導 ピアノ演奏
9:45	設定保育 （近隣公園に 外遊びの場合）	トイレトレーニング 着替え、靴はき ペア・誘導ロープ お散歩カー乗車 保育園出発 公園到着 外遊び 集合 公園出発 保育園到着 靴脱ぎ 着替え 手洗い	外出用リスト作成 お散歩カー用意（動作チェック） トイレ指導 着替え、靴はき指導 員数チェック お散歩カー乗車指導 ペア・誘導ロープ指導 歩行安全チェックと指導 外遊び安全管理 外遊び指導 集合 人数チェック（リスト確認） 歩行安全チェックと指導 靴脱ぎ指導 お散歩カー収納 手洗い指導 オムツ換え
11:15	昼食	トイレトレーニング 手洗い 着席 あいさつ 食事 あいさつ 片付け 歯磨き	昼食用意 トイレ指導 手洗い指導 あいさつ 食事指導 あいさつ 片付け指導 歯磨き（職員が行う） 床、テーブル掃除 食器洗浄、片付け 歯ブラシ消毒

時間	プログラム	子どもの動き	職員の動き
12:00	午睡	トイレトレーニング 着替え あいさつ 午睡	トイレ指導 オムツ換え 寝具用意、カーテン閉め 着替え指導 あいさつ 午睡時健康チェック 職員昼食 連絡帳記入 ミーティング
15:00	おやつ	起床 健康チェック トイレトレーニング 手洗い 着席 あいさつ 食事 あいさつ 手洗い、うがい 片付け	おやつ用意 起床指導 健康チェック 寝具片付け、カーテン開け 換気 トイレ指導 オムツ換え あいさつ 食事指導 あいさつ うがい指導 片付け指導 食器洗浄、片付け
15:30	学習 DVD学習	椅子移動 DVD鑑賞	DVD用意 椅子移動指導 床、テーブル清掃
16:00	自由遊び	トイレトレーニング 自由遊び	椅子片付け トイレ指導 オムツ換え 自由遊び安全管理 自由遊び指導
16:40	お帰りの会	玩具片付け 歌、リトミック あいさつ	玩具片付け指導 歌、リトミック指導 ピアノ演奏 あいさつ
17:00	お迎え	自由遊び お帰り	持ち物チェック 親への引渡しと報告 自由遊び安全管理 自由遊び指導

時間	プログラム	子どもの動き	職員の動き
17:30	おやつ	玩具片付け 手洗い あいさつ 食事 あいさつ 手洗い、うがい	おやつ用意 玩具片付け 手洗い指導 あいさつ 食事指導 あいさつ 手洗い指導
18:00	お迎え	自由遊び お帰り	テーブル清掃 食器洗浄、片付け トイレ指導 オムツ換え 親への引渡しと報告
19:00			保育室清掃 トイレ清掃 施錠確認

> **認可外 基準**
>
> ウ　児童の生活リズムに沿ったカリキュラムを設定するだけでなく、実行することが必要であること。

解説

　デイリープログラムの中で毎日変わるのは、設定保育です。その他のプログラムについては、生活リズムが健康の基本であることに留意して毎日同じ時間に行います。

　設定保育の内容は、対象となる子どもの年齢、人数、指導者のスキルを考慮して無理のないプログラムをつくります。基準では、プログラムを実行することが求められていますが、天気の変化や保育従事者の予定外の欠勤などでプログラムの実施に不安を感じた場合は、中止してより安全なプログラムに変更する勇気が必要です。

　基準では、戸外で活動できる環境が確保されていることが求められています。場所や1人当たりの面積等の規定はありません。しかし外遊びができることが求められているのでマンションのベランダ程度では、認

められません。ただし付近にある児童公園などの代替地は、戸外で活動できる環境として認められています。ここで言う付近とはどの程度の距離と考えれば良いのか。何km以内という具体的な距離ではなく、設定保育の時間（概ね1時間程度）に子どもたちを安全に外遊びに連れて行ける距離と考えると良いでしょう。

　また外遊びは、保育室での保育に比べて危険性が高くなります。必ず複数の保育従事者が安全確保と安全指導を行いましょう。行き帰りの行程を含めた下見を行い危険な場所を事前にチェックして保育従事者全員の共通認識とすることが必要です。また道路を移動する際は、概ね2歳未満の子どもはベビーカーやお散歩カーに乗せ、2歳以上は子ども同士で手を繋ぐか誘導ロープをつかませて歩かせます。保育従事者は、先頭と最後尾を歩き、先頭の保育従事者は前方の安全を確かめ、最後尾の保育従事者は、子どもの動きに注意してすぐに子どもを助けられる体勢を維持します。子どもの人数が多かったり低年齢の子どもが多い場合は、別の保育従事者が子どもの列より道路側を歩いて子どもを助けられる体勢を維持します。大切なことは、子どもをひとりでは歩かせないことです。公園等で遊ぶ場合は、安全管理と子どもたちに遊びを指導する担当者は別に設定し、責任区分を明確に決めて行動することが必要不可欠です。

　外遊びでは、天候にも注意が必要です。特に熱中症の原因となる気温と湿度には注意が必要です。気温が30度以下であっても湿度が高かったり、日差しが強い場合は、熱中症の危険性が高くなります。特に乳幼児は、体温調整機能が低いためさらに注意が必要です。そのため夏場の外遊びは、基本的に水遊びにします。水遊びの時も必ず複数の保育従事者が安全確保と安全指導を行うことを心がけてください。乳幼児の水難事故件数は、海や川のアウトドアより、家庭内の風呂やプールが多く、わずか8cmの深さの水で溺死した事例もあります。事故防止には、複数の保育従事者が違った位置（死角が生じない位置）から一時も目を離さないことが肝心です。

> **新制度の基準**

　新制度では、屋外遊戯場の規定があり、2歳児1人当たりの面積は、3.3m²以上を求められています。ただし保育施設に付属していなくても近隣の公的施設（児童公園等）で2歳児1人当たり3.3m²以上の面積があれば良いことになっています。

> **認可外　基準**
>
> エ　漫然と児童にテレビやビデオを見せ続けるなど、児童への関わりが少ない「放任的」な保育になっていないこと。

> **解説**

　テレビやDVDを子どもたちに見せてはいけないということではなく、とりとめもなく見せ続けるような放任的な保育はしてはいけないということです。子ども一人ひとりに対してきめ細かくやり取りすることは、保育従事者にとっても最も基本的な使命です。

> **認可外　基準**
>
> オ　必要な遊具、保育用品等を備えること。

> **解説**

　必要な遊具、保育用品等とは、年齢に応じた玩具、絵本、文具からテーブル、椅子まで保育に必要な全ての備品を指します。また安全性が高く、必要数がそろっていることも必要です。p.194の備品リストも参照して下さい。

　例えば玩具は、市販のものでは、STマークが付いて、対象年齢が使用する子どもの年齢に合致しているものは、安全性が高いと考えられます。STマークは、Safety.Toy（セーフティ・トイ）の略で、日本玩具協会が自主基準として定めた「玩具安全基準」に適合した商品に付けら

れています。

　もちろん、先生の手作り玩具も子どもには、市販品に負けない人気があります。また比較的低予算で目的にあった玩具をそろえられる利点もあります。

　市販品でも手作り玩具でも子どもたちが使っている時は、目を離さないことが必要です。子どもは、大人が想像も付かない使い方をします。概して想定外の使い方は、危険性を高めます。また玩具を片付ける際などに破損がないかチェックします。玩具の破損した部分や外れた部品は、誤飲の原因になります。破損した玩具を見つけた時は、全ての部品が見つかるまで徹底的に探す必要があります。

　また、玩具は、定期的な消毒が必要です。特に0〜2歳児は、玩具を口に入れることが多いので樹脂製のままごと玩具やブロックで使用頻度の高いものは、2週間に一度消毒します。消毒方法は、ピューラックス（株式会社オーヤラックス）を水で300倍に希釈した水溶液で玩具を洗い、水ですすいでから乾燥させます。洗えないものは、同じく希釈したピューラックスの水溶液で洗った布巾を絞り、これで玩具を拭きます。その後、水で洗い絞った布巾でもう一度玩具を拭きます。ぬいぐるみも月に一度は、洗濯します。

認可外　基準

ア　児童の最善の利益を考慮し、保育サービスを実施する者として適切な姿勢であること。

　特に、施設の運営管理の任にあたる施設長については、その職責に鑑み、資質の向上、適格性の確保が求められること。

解説

　設置者をはじめとする職員は、保育内容等に対して、児童の利益を優

先して適切な対応をとることが必要です。また子どもや家族の個人情報（住所、電話番号、職業、病歴等）を不用意に他の保護者や第三者に知らせないことを設置者をはじめとする職員は、理解し実施する必要があります。

> **新制度の基準**

　保育従事者の保育姿勢等については、認可外保育施設と同様の基準が求められています。また設置者については、より厳しく、経済的信望、社会的信望、福祉事業の知識経験に関する要件を満たすことを求めています。これらの客観的な認可基準については、市町村が定める小規模保育施設（小規模保育事業）に関する条例で定められます。このため市町村によって許可基準が変わる可能性があります。

> **認可外　基準**

イ　保育所保育指針を理解する機会を設ける等、保育従事者の人間性及び専門性の向上に努めること。

> **解説**

　保育所保育指針に関する書籍や資料を保育施設に備え、かつ保育従事者全員が自由に読める環境をつくるなどして、保育所保育指針を理解するのに必要な機会をつくります。また保育に関する書籍や雑誌なども備え、自由に読める機会を設ける等、保育従事者の質の向上が図られるシステムづくりも大切です。

　都道府県等が実施する施設長や保育従事者に対する研修等への参加も積極的に行います。また日常的に保育従事者がミーティングを行うローテーション（勤務表）をつくります。ミーティングによる情報の共有化は、子ども一人ひとりに対する保育の質の向上と事故防止の観点から必要不可欠です。

> **認可外　基準**
>
> ウ　児童に身体的苦痛を与えたり人格を辱めることがない等、児童の人権に十分配慮すること。

> **解説**

　食事のマナーやトイレトレーニング、また他人を打ったり噛んだりしてはいけないという基礎的な社会的規範を教える際には、子どもに身体的、心理的苦痛を与えることは禁止されています。また放置したり差別的に扱うことも禁止されています。

　子どもは、1歳前から親や先生に叱られていることを感じます。また前後の関係から叱られた理由もわかるものです。言葉でやさしく注意するだけで泣き出してしまう子どもがいる反面、性格や親子の関係から叱られることを喜んだり、目をそらせて無視する行動をとる子どももいます。また子どもを叱ると叱った先生も心理的なストレスを受けます。叱られて悲しそうな子どもの目を見るのは辛いものです。そのため子どもと目線も合わせずに機械的に叱りがちですが、それはしつけではありません。しつけのために叱らなければならない場合でも、その子どもの性格や態度を観察し理解して適切に叱ることが肝心です。叱られていることを理解したくないために無視するような態度をとる子どもには、大きな声で脅かすのではなく、じっくりと時間をかけて目を見つめながら注意するのも一つの方法です。

> **認可外　基準**
>
> エ　児童の身体及び保育中の様子並びに家族の態度等から、虐待等不適切な養育が疑われる場合は児童相談所等の専門的機関と連携する等の体制をとること。

> **解説**

　子どもの着替えやオムツ換え時に痣（アザ）や火傷の傷を見つけた場合は、複数の保育従事者で確認して記録しておきます。その後、同じ子どもに同様の痣（アザ）や火傷の傷を見つけた場合は、先ず市町村の保育課（子ども課）に報告と相談をします。親への問い合わせは、保育課職員と善後策を相談してから行います。虐待を行っている親は、虐待の事実関係を隠すために嘘の報告をする場合があります。また保育施設側も虐待ではないと信じたい心理が働くために対応が遅れて、取り返しが付かないことになった事例があります。

　心身障害が疑われる場合も情報の流れは、①保育施設から市町村の保育課への相談、②保育課職員の来園調査、③保育施設への報告、④保育施設から保護者への説明の順で行います。保育施設から我が子に障害の疑いがあると知らされた親は、程度の差はあっても保育施設に不信感を持ちます。ですからあくまで保育施設としての判断ではなく、市町村の専門職員の判断であること、保育施設には、市町村に報告（相談）の義務があることを伝えます。この流れであれば、親は、市町村に情報が伝わっていることを承知しているため、自らも市町村に相談に行きやすくなります。

　家庭が社会的援助が必要な状況であれば、認可外保育施設の場合、保育料の支払いができなくなり、ほとんどの場合退園してしまいます。しかし、退園してしまえば無関係というわけではありません。認可外保育施設であっても地域の子育て支援施設であることに変わりありません。また親にとって園長先生は、相談しやすい相手でもあります。困窮している家庭を地域で孤立させないように市町村との架け橋になるのも保育施設の社会的使命です。

> 認可外　基準

(3) 保護者との連絡等
ア　保護者との密接な連絡を取り、その意向を考慮した保育を行うこと。

> 解説

　保護者との相互信頼関係を築くことは、子どもの保育にとって不可欠なものです。信頼関係を築くためには、保育施設での子どもの様子と家庭での子どもの様子を知ること、即ち情報の共有化が欠かせません。そのためのツールが連絡帳や連絡ノートです。通常、保育従事者は、昼食後の午睡時間に連絡帳の記入を行います。そのため午睡後の出来事で伝えたいことは、お迎えの時に口頭で伝えます。また機嫌が悪い、転んでケガをした、○○君に噛まれた等、文章で伝えると誤解を招く可能性が高い事案については、目撃した保育従事者の意見を踏まえ、事実関係を整理したうえで口頭で伝えたほうが無難です。

　相互信頼関係を築くには、時間の許す限り、ともかく親に声をかけることです。特に不機嫌そうに見えたり疲れているように見える親には、疲れている様子だから話しかけないのではなく、「大丈夫ですか」「お疲れですか」と労いの声をかけましょう。その後に「今日○○君は、□□が上手にできました」と子どもの様子を話してあげれば親も元気がでるものです。深刻な様子であれば、概要だけ聞いて、後日ゆっくり話し合う時間をつくりましょう。あるいは、定期的に休園日や閉園時間後に個人別の子育て相談会を開催するのも相互信頼関係の構築にたいへん効果があります。

> 認可外　基準

イ　保護者との緊急時の連絡体制をとること。

> **解説**

　緊急時に素早く保護者に連絡できるよう情報を整理して一覧表（緊急連絡表）を作成します。緊急連絡表は、保育中に異常が発生した場合に施設管理者だけでなく全ての保育従事者が容易にわかる場所に掲示する必要があります。

　ここで留意することは、保護者の電話番号やメールアドレスが個人情報であることから緊急連絡表は、個人情報流出の可能性があるという点です。昨今では、保育施設や小中学校でも個人情報保護の観点から緊急連絡網づくりに保護者から異論が出ます。そのため緊急連絡網を配布しなくなった保育施設や学校が多くなっています。ですから緊急連絡表には、連絡時に必要な最低限の情報、具体的には、子どもの名前、保護者の電話番号と保育施設責任者や担当医の電話番号を記載します。また緊急連絡表は、普段保護者が立ち入らない事務室等に掲示します。

　しかし、保護者の連絡先と言っても自宅、携帯、勤務先があります。また母親と父親のどちらを優先するかという問題もあります。家庭によっては、祖母や祖父を緊急連絡先に指名することがあります。そこで保護者に連絡帳（おたより帳）の緊急連絡先欄に連絡先を優先順に記入してもらい、緊急時にはこれを見て連絡します。これらの連絡先は、コピーをファイルして災害避難に持ち出せるようにしておきます。

　緊急連絡をメールで要望する保護者も多くなっています。希望する保護者には、園側のパソコンにメールを送信してもらい、メールアドレスを保存しておきます。スマートフォンを利用する際は、保育施設の備品か少なくとも責任者の物を使用するのが無難です。連絡の確実性を考えれば全ての保育従事者が自分のスマートフォンに親のメールアドレスを登録するのが良いと思いがちです。しかしメールアドレスを登録してあるスマートフォンが増えれば紛失や保育従事者の離職によって個人情報流出の可能性もまた高まります。それでも複数の保育従事者のスマートフォンに親のメールアドレスを登録するのであれば、保育従事者に個人

情報保護の重要性と、メールは緊急時にのみ使用することを指導します。

> **認可外　基準**
>
> ウ　保護者や利用希望者等から児童の保育の様子や施設の状況を確認する要望があった場合には、児童の安全確保等に配慮しつつ、保育室などの見学が行えるように適切に対応すること。

解説

　保育中に保護者が来たことを知れば、子どもは、お迎えに来てくれたと思い、次の瞬間から子どもの関心は、親に集中します。またほかの子どもたちも影響を受けて、乳幼児では、プログラムそのものが成り立たなくなることもあります。そのため保護者が通常の保育の様子を見られる機会をつくるのはなかなか難しいのが現実です。窓をマジックミラーにしたり、紙を貼って覗き窓を作ったりと苦慮しているようです。

　在園児の保護者が保育の様子を見たい大きな理由は、楽しみ・喜びと不安・不信のどちらかによるものです。楽しみと喜びは、お遊戯会や運動会で我が子の成長を見ることで満たされます。親は、その時を楽しみに待つことができます。不安は、我が子の発育や発達に対するもので、不信は、保育施設や保育従事者の安全性や保育内容、保育姿勢に対するものが大半です。これらは、保護者が保育を見学したからといって解決できる問題ではありません。十分な時間を用意して親と話し合わなければならない事態です。

　保護者から見学の希望があった場合は、見学後に懇談する時間も設け、保護者に伝えます。また並行して関係する保育従事者の意見を聞いて、保護者がどのような不安や不信感を持っている可能性があるかを調べておきます。懇談では、最初は、聞き役に徹して保護者からなるべく多くの情報を聞きます。必要であれば、相手の承諾を得てからメモを取っておきます。返答に十分な自信が持てない場合は、「〇〇日まで時間をく

ださい」「1週間後にもう一度お話ししましょう」と期限を定めた上で答弁を保留します。返答する期間を定めることで保護者は、その間不安感が減少し、冷静に考えられるようになります。しかし「調べてからご連絡します」「後日、お知らせいたします」と期限を定めないと不安感を抱き続けて極論に達したり、話し相手に不信感を抱くようになります。

　返答までに時間を設けた場合、保護者に返答する前に関係する保育従事者に話して意見を聞きます。その意見も参考にして返答内容を決めていきます。母親が相談者の場合は、箇条書きでも良いので文書にして渡すと母親が父親に説明しやすく、父親の保育施設に対する信頼感も増します。

　また障害や発達など専門家の判断が必要な場合は、先ず市町村保育課（こども課）担当者に相談して、専門家を紹介してもらいます。保護者には、専門家の判断を求める必要があることを話し、専門家の連絡先を伝えます。障害の有無の判断を保育施設側から保護者に伝えるべきではありません。

　利用希望者の見学については、p.72をご参照ください。

❻ 給食

> **認可外　基準**
>
> (1) 衛生管理の状況
> ア　調理室、調理、配膳、食器等の衛生管理を適切に行うこと。

解説

　具体的には、食器類やまな板、鍋等の調理器具、布巾は、使用するごとに洗浄し、乾燥させてから食器棚に保管します。哺乳ビンは、使用するごとに洗浄し、乾燥させるだけでなく定期的（1日1回程度）に煮沸消毒を行います。

　食事時は、一つの食器に入った食品を複数の子どもに食べさせたり、コップや哺乳ビンの回し飲みはしないようにします。

　粉ミルクを缶などの容器で保管する場合は、外気や異物、虫の侵入を防ぐためにきちんと密閉してなるべく早く使い切るようにします。

　食品は、果汁や封を開けた醤油、トマトケチャップ、マヨネーズ、ふりかけは、冷蔵庫で保管します。また封を開けた果汁、レトルトのベビーフードは、1回で使いきり、残ったものは必ず廃棄します。お菓子やパン類は、賞味期限を確認するとともに封を開けたものは、その日のうちに使用し、残ったものは廃棄します。

　麦茶は、作ってから概ね6時間以内に使用し、残ったものは廃棄します。冷蔵庫で保管した場合も同様です。

　同じビルに飲食店がある場合や空き店舗を使用した場合は、短期間でゴキブリが調理室に侵入します。そのため開園後速やかに置くタイプの殺虫剤をシンクや冷蔵庫の下に設置します。

> **認可外 基準**
>
> (2) 食事内容等の状況
> ア　児童の年齢や発達、健康状態（アレルギー疾患等を含む。）等に配慮した食事内容とすること。
> イ　調理は、あらかじめ作成した献立に従って行うこと。

解説

　年齢や発達に応じて、離乳食や普通食、食材カットの大きさ等の調理方法、食事、ミルク量に配慮することが必要です。

　特に乳児は、もどしたミルクや離乳食で呼吸困難になる可能性があるため、ミルクを与えた場合は、ゲップをさせることや食事後の状況に注意を払うことが必要です。

　認可外保育施設では、食事を給食業者などに委託することが認められています。幼児向けの給食を請け負っている業者の多くは、幼稚園を主な取引先にしています。そのため食材カットが1～3歳児には大きすぎます。業者によっては、食材を小さくカットしてくれますが、できない場合は、保育施設側でキッチンバサミ等を使用してカットします。また献立の中に容器入りのゼリーやゴマ団子など餅を使用したものが入っている場合は、これを避けるか、気管に詰まらないように小さくカットして食べさせます。

　幼時向けの給食を行っている業者は、必ず献立表を作成しています。前月の中旬には作成しているのでこれをもらってコピーしたり、園だより等に記載して保護者に配布します。また献立表は、保管義務があるのでファイル等に保管しておきます。

　自園で給食を作る場合は、市町村の保育課（子ども課）に依頼すると市町村立の認可保育施設の献立がもらえます。これをそのまま使用するか、一部アレンジして使用すると給食業務の負担が軽減します。

　食事で最も問題となるのが食物アレルギーの子どもへの対応です。幼

児の食物アレルギーは、卵と牛乳が半数以上を占めています。このほか小麦、大豆、そば、ピーナツ、果物、甲殻類などによるアレルギーがあります。ほとんどの場合、複数の食品にアレルギーを起こします。

　食物アレルギーをもつ子どもは、10年間で倍増、10人に1人が食物アレルギーを持っていると言われています。したがって認可外保育施設でも避けては通れない問題です。食物アレルギーの子どもの入園の可否は、それぞれの施設が判断すべきことです。しかし責任とリスクを伴う判断ですから、熟慮することが必要です。

新制度の基準

　基本的には、認可外保育施設と同様の基準が求められています。しかし新制度を利用する小規模保育施設（定員6〜19人の保育施設）は、自園での給食調理が求められています。 2. 保育室等の構造設備及び面積 （p.86）を参照してください。

❼ 健康管理・安全確保

> **認可外 基準**
>
> （1）児童の健康状態の観察
>   登園、降園の際、児童一人一人の健康状態を観察すること。

解説

　基準では、毎日、登園の際に体温、排便、食事、睡眠、表情、皮膚の異常の有無や機嫌等についての健康状態の観察を行うとともに、保護者から児童の状態の報告を受けることとされています。しかし項目全てを短時間で行うことは困難です。そこで子どもの受入時に保護者に「今日の健康状態はどうですか」と質問します。保護者は、気になることがあれば話してくれます。問題なければ「元気です」と返事があるはずです。体調の善し悪しは、個人健康チェック表に必ず記入します。

　排便、食事、睡眠については、記入欄のある連絡帳（おたより帳）を使用して、保護者に記入をお願いします。降園の際も同様の健康状態の観察を行い、保護者へ児童の状態を報告することが必要です。

　子どもの体温が高いように感じたら体温計で検温します。認可保育施設では、厚生労働省のガイドラインを参考にして体温が37.5度を超えている場合は、登園を控えたほうが良いと判断します。ガイドラインでは、

・24時間以内に解熱剤を使用
・24時間以内に38℃以上の発熱
・24時間以内に2回以上の水様便があった
・食事・水分を摂ると下痢をする
・24時間以内に2回以上の嘔吐があった

・食欲がなく、水分もほしがらない

　以上の場合も登園を控えたほうが良いとされています。

　これはかなり厳しい内容です。この基準を厳守するか一部緩和して運用するかは、それぞれの保育施設が判断すべき問題です。

　しかし学校保健法により、登園を停止される病気があります。下記表の停止期間は原則的な基準であり症状によって異なります。また登園停止期間中であっても医師が判断した場合は、登園が可能になります。必要に応じて保護者に治癒証明書の提出をお願いします。

病名	登園停止の期間
インフルエンザ	解熱した後2日を経過するまで
百日咳	特有のせきが消えるまで
麻疹（はしか）	解熱した後3日を経過するまで
急性灰白髄炎（ポリオ）	急性期の主要症状が消えるまで
ウイルス性肝炎	主要症状が消えるまで
流行性耳下腺炎（おたふくかぜ）	耳下腺の腫れが消えるまで
水痘（水ぼうそう）	全ての発疹がかさぶたになるまで
風疹（三日ばしか）	発疹がなくなるまで
咽頭結膜熱（プール熱）	主要症状が消えてから2日を経過するまで
伝染性眼疾	完全に治るまで
感染性膿痂疹（とびひ）	症状に応じて医師が判断する
手足口病	症状に応じて医師が判断する
伝染性紅斑（りんご病）	症状に応じて医師が判断する
腸管出血性大腸菌感染病（O-157）	症状に応じて医師が判断する
日本脳炎	症状に応じて医師が判断する
溶連菌感染症（猩紅熱）	約4週間、鼻カタル・中耳炎が治るまで

　子どもの体温計測は、1日最低2回行います。1回目は、朝の受入時、2回目は、午睡明けです。このほか顔色や機嫌、保育従事者が肌を触ったとき等に異常を感じたら体温計測を行い記録しておきます。体温測定は、鼓膜の温度を計測するタイプが計測時間が短く便利ですが、計測の安定性では、棒状体温計が勝るようです。両タイプを併用することをお勧め

します。また鼓膜の温度を計測するタイプは、計測部のカバーが耳垢で汚れると体温が低く表示されるため毎日交替します。

　体温が平熱より高いようであれば、30分ごとに計測と記録を行い、必要に応じて冷感シートや水枕で体を冷やすなどしながら保護者に連絡します。保護者の到着まで、常に保育従事者が様態を観察できる場所に寝かせ、嘔吐や熱性痙攣がないかチェックします。痙攣が起こった場合は、嘔吐物が気管に入らないように横向きに寝かせ、また痙攣している時間を計ります。痙攣が10分以上継続した場合や連続して痙攣を起こした場合は、危険な状態にあるのですぐに救急車を呼んで病院に搬送します。

　また、乳幼児には様々な予防接種を受けさせることが法律で義務付けられていますが、義務付けられていない予防接種にも有効なものがあります。主なものでは、ロタウイルスワクチンと水疱瘡ワクチン、インフルエンザワクチンの3種です。この3種のワクチンは、保護者の経済的な負担はあるものの罹患すると登園停止期間が長く、また保育施設で感染する可能性も高いため、保育施設から保護者に接種を勧めたほうが良いと考えます。水疱瘡ワクチン接種については、平成26年度中にほとんどの自治体で無料化される見込みです。

> **認可外　基準**
>
> (2) 児童の発育チェック
> 　身長や体重の測定など基本的な発育チェックを毎月定期的に行うこと。

解説

　毎月、なるべく同じ間隔になるように日程を決めて子どもの身長と体重を計測して記録簿に記入します。連絡帳（おたより帳）にも記入して保護者にも知らせます。身長計は、壁に貼るシールタイプのものでも問題はありません。

認可外　基準

(3) 児童の健康診断

継続して保育している児童の健康診断を入所時及び1年に2回実施すること。

解　説

入園時に保護者から健康診断書を提出してもらう必要があります。ただし母子健康手帳のコピーと保護者に健康報告書（p.191）を提出してもらい児童の健康状態の確認ができれば健康診断書はいりません。健康報告書には、アレルギーの有無などの子どもの体質、かかりつけ医など必要な情報を記載してもらいます。

また医師による健康診断（内科検診）を1年に2回、6ヵ月程度あけて実施することが求められています。医師による健康診断は、子ども1人1回当たり1,500円程度の費用が必要です。ほとんどの自治体で認可外保育施設の月極め保育児に対する健康診断費用を助成しています。申請方法については、市町村の保育課（こども課）にご相談ください。

新制度の基準

認可外保育施設と同様の基準が求められています。市町村によっては、認可保育施設と同様に毎月1回の健康診断を求められる場合があります。

認可外　基準

(4) 職員の健康診断

ア　職員の健康診断を採用時及び1年に1回実施すること。

解　説

職員（保育従事者だけでなく、保育施設に出入りするボランティア等を含む全ての職員）の健康診断の実施は、労働安全衛生法に基づく労働

安全衛生規則により、採用時及び1年に1回実施することが義務付けられています。新規採用の場合は、就業初日以前に健康診断を受ける必要があります。また前回の健康診断から概ね1年以内に次回の健康診断を受け、健康診断書かそのコピーを保管しておかなくてはなりません。健康診断の項目は、決まりがありません。しかし職員から子どもたちへの感染症で最も危惧されるのは結核であることから、肺のレントゲン検査は必要不可欠であると考えられます。

認可外　基準

イ　調理に携わる職員には、概ね月1回検便を実施すること。

解説

　ここで言う調理に携わる職員とは、食事を調理する者だけでなく、調乳やおやつを用意する職員も含まれます。こうした職員は、毎月1回検便を実施して検査機関が発行する検査報告書類を保管しておきます。

　ほとんどの自治体で認可外保育施設の園児に対する健康診断費用と一緒に職員の検便費用を助成しています。申請方法については、市町村の保育課（こども課）にご相談ください。

新制度の基準

　認可外保育施設と同様の基準が求められています。市町村によっては、全職員の検便を求められる場合があります。

認可外　基準

(5) 医薬品等の整備

　必要な医薬品その他の医療品を備えること。

> **解説**

　薬事法違反になるため保育従事者が自己の判断で子どもに解熱剤、痛み止め等の市販薬を飲ませることはできません。したがってここで言う「必要な医薬品その他の医療品」とは、体温計、水まくら、消毒薬、絆創膏類等になります。これらを救急箱に揃えていつでも使用できるようにしておくことが求められています。

　厚生労働省のガイドラインでは、アレルギー体質の子どもがショック症状に陥った際に使用する注射器具（エピペン）については、人命救助の観点から保育士が打っても薬事法違反にあたらないとされています。しかし保護者から依頼されて、食後などに子どもに薬を飲ませるのは、薬事法違反の恐れがあります。それでも多くの保育施設や幼稚園で職員が子どもに薬を飲ませているのが現実です。

　子どもに薬を飲ませるか保護者からの依頼を断るのかは、それぞれの保育施設が判断すべき問題です。それでも飲ませると判断した場合は、次の2点を必ず守ってください。一つ目は、飲ませる薬は、医師が処方したものに限り、一般の市販薬は飲ませない。二つ目は、保護者の依頼によって保護者に代わり薬を飲ませることを文書（投薬依頼書）によって明確にしておくことです。また投薬依頼書（p.198）には、薬の種類と飲ませ方も保護者に記載してもらいます。また保育施設では、いろいろなウイルスや細菌による感染症（いわゆる風邪）が年に10回以上流行します。その時は、多くの保護者から投薬を依頼されることがあります。同じような薬であっても子どもの症状や体重で薬の種類や量が変わります。薬の取り違いを起こさない様に薬を預かった時点で薬の袋や容器に名前をフルネームで書いておきます。

> **認可外　基準**

(6) 感染症への対応

　感染症にかかっていることが分かった児童については、かかりつけ医

の指示に従うよう保護者に指示すること。

> **解説**

　感染症とは、ウイルスや細菌の感染によってもたらされる病気です。その多くが罹患した人の体液や嘔吐物、便から感染します。

　感染症のうち保護者等に接種の努力義務が課されているのがジフテリア・百日咳・破傷風（3種混合ワクチン。DPTともいう）、麻疹（はしか）、風疹（三日はしか）、日本脳炎、ポリオ（急性灰白髄炎）、結核（BCG）。保護者の自由意思による接種には、インフルエンザ、ロタウイルス、子宮頸がんワクチン、ヒブ、流行性耳下腺炎（おたふくかぜ）、水痘（みずぼうそう）、A型肝炎、B型肝炎、肺炎球菌などがあります。

　このほかいわゆる風邪の原因であるウイルスだけでも、ライノウイルス、アデノウイルス、RSウイルス、コロナウイルス等があり、アデノウイルスは、49種類が確認されています。また細菌では、マイコプラズマ等があります。一口に風邪といってもその原因となるウイルスや細菌には、実に多くの種類があります。

　人は、胎盤や母乳を通して親から免疫（受動免疫）を受け継ぎますが成長と共に免疫力は弱まります。その後は、それぞれのウイルスに感染して潜伏期間を経て発症する過程で免疫を得ていきます。そのため子どもは、生後6ヵ月位から感染症になりやすい状態になります。そのうえ保育施設では、ウイルスに感染している子どもがなめた玩具を別の子どもがなめることなど日常茶飯事ですから、感染症が感染しやすい環境であることは間違いありません。

　ですから子どもの体調を把握するために、保育従事者は、体温、鼻水、セキ、機嫌、食欲、睡眠などの体調変化に注意して、異常があれば保護者に知らせます。また保育施設で感染症が流行しているのであればそれらの情報も伝えるとともに医師の診断を受けるよう勧めなくてはなりません。

また保育施設内での感染予防するために歯ブラシ、コップ、タオルなどは、子どもや保育従事者の間で共用せず、一人ひとりのものを準備することが求められています。

> **認可外　基準**
>
> (7) 乳幼児突然死症候群の予防
> ア　睡眠中の児童の顔色や呼吸の状態をきめ細かく観察すること。
> イ　乳児を寝かせる場合には、仰向けに寝かせること。
> ウ　保育室では禁煙を厳守すること。

解説

　厚生労働省によると乳幼児突然死症候群（SIDS）は、それまで元気だった赤ちゃんが、事故や窒息ではなく眠っている間に突然死亡してしまう病気です。日本での発症頻度はおよそ出生6,000～7,000人に1人と推定され、生後2ヵ月から6ヵ月に多いとされています。発症は年々減少傾向にありますが、平成23年には全国で148人の赤ちゃんがこの病気で亡くなっています。

　SIDSの原因はまだわかっていませんが、男児、早産児、低出生体重児、冬季、早朝から午前中に多いことや、うつぶせ寝や両親の喫煙、人工栄養児で多いことが、平成9年度厚生省心身障害研究「乳幼児死亡の防止に関する研究」（以下「平成9年度研究」）でわかっています。

　予防策の第一は、睡眠中の乳児の顔色や呼吸を定期的にチェックして午睡チェック表（p.196）に記入する体制をつくることです。また乳児が心肺停止状態にあることを発見した場合、速やかに心肺蘇生法と救急への連絡が行えるように保育従事者全員が定期的（年1回以上）に研修を行います（心肺蘇生法による救命率は、心肺停止後5分以内で約50％、10分以内で20％）。

　そのほかの予防策としては、仰向けに寝かせる、やわらかい敷布団は

使用しない、睡眠時に厚着させない等があります。また受動喫煙との関連性が強く疑われているため、保育室での喫煙は厳禁です。もっとも見学の際に保育従事者からタバコの臭いがしたら、喫煙していない親は、先ず間違いなくその施設に子どもを預けたいとは思いません。

保育施設で万が一、乳幼児突然死症候群が発生し、乳児が死亡した場合、たとえ刑事・民事責任を問われなくても責任者や保育従事者は、一生自責の念に囚われることになります。そのため認可外保育施設では、乳幼児突然死症候群の発生率の高い生後6ヵ月以前の幼児を預からない所が多く見受けられます。また親が喫煙している家庭の乳児を預からない施設もあります。乳幼児突然死症候群と受動喫煙との関連性は知らなくても、喫煙が乳児に有害であることは、親なら誰でも知っていることです。それでも喫煙を止めない親の子どもは預かりたくないと考える施設責任者を非難できるでしょうか。親は、保育施設を選ぶ権利があります。同様に保育施設にも施設の存続のために親を選ぶ権利があるのです。

認可外　基準

(8) 安全確保
ア　児童の安全確保に配慮した保育の実施を行うこと。
イ　事故防止の観点から、施設内の危険な場所、設備等に対して適切な安全管理を図ること。
ウ　不審者の立入防止などの対策や緊急時における児童の安全を確保する体制を整備すること。

解説

ここでは、主に保育施設や設備の安全管理と子どもの安全を確保する体制整備が求められています。

保育室だけでなく子どもたちが出入りする可能性のある場所には、洗濯機、消火器や灯油容器、工具、自転車など家庭に日常的にあるもので

も子どもたちが触れると危険があるものは、置かないようにします。

　下駄箱、本箱、タンス、玩具箱など子どもが登ったり、地震で転倒する可能性があるものは、床や壁に固定します。また下駄箱、本箱、タンス等の上には、落下する可能性があるものを置かないようにします。テレビを置いたり、壁に扇風機等を取り付ける場合は、転倒や落下防止の工夫を行います。また転倒や落下防止の工夫に不備や破損がないか日常的に検査します。

　調理室等子どもが入ると危険な場所には、施錠できる扉を設けます。また暖房器具、空気浄化装置、ピアノなど子どもに危険な設備には、周囲に障壁やフェンスを設けます。

　施設の周囲に車道や駐車場、工場、大きな段差等、子どもに危険な場所がある場合は、子どもが勝手に出られないように柵等を設けます。また出入り口には、子どもの手が届かない場所に錠を設け、不審者の立ち入りを防止するために施錠を心がけます。

8 利用者への情報提供

> **認可外　基準**
>
> （1）提供するサービス内容を利用者の見やすいところに掲示しなければならないこと。

解説

認可外保育施設は、出入口など利用者の見やすい場所に下記の8点の内容について記載した書類（掲示書類）の掲示が義務付けられています。「保育士その他の職員の配置数又はその予定」については、その日実際に保育に当たる保育従事者の数及び有資格者数等をホワイトボード等に記載してもかまいません。p.193も参照して下さい。

1. 設置者の氏名又は名称及び施設の管理者の氏名
2. 建物その他の設備の規模及び構造
3. 施設の名称及び所在地
4. 事業を開始した年月日
5. 開所している時間
6. 提供するサービスの内容及び当該サービスの提供につき利用者が支払うべき額に関する事項
7. 入所定員
8. 保育士その他の職員の配置数又はその予定

> 認可外　基準
>
> (2) 利用者と利用契約が成立したときは、その利用者に対し、契約内容を記載した書面を交付しなければならないこと。

解説

　認可外保育施設は、利用者との契約が成立したときは、契約書のほかに以下の8点の内容について記載した書類を利用者に書面で交付することが義務付けられています。p.73も参照して下さい。「当該サービスの提供につき利用者が支払うべき額に関する事項」には、食事代、入会金、キャンセル料等、別途加算する事項がある場合は、書面に明示しておくことも求められています。また書面の交付は紙媒体で行う必要があり、ホームページへの記載やメール、記憶媒体によって代替することは認められていません。

1. 設置者の氏名及び住所又は名称及び所在地
2. 当該サービスの提供につき利用者が支払うべき額に関する事項
3. 施設の名称及び所在地
4. 施設の管理者の氏名及び住所
5. 当該利用者に対し提供するサービスの内容
6. 保育する乳幼児に関して契約している保険の種類、保険事故及び保険金額
7. 提携する医療機関の名称、所在地及び提携内容
8. 利用者からの苦情を受け付ける担当職員の氏名及び連絡先

> 認可外 基準

(3) 利用予定者から申込みがあった場合には、当該施設で提供されるサービスを利用するための契約の内容等について説明するよう努めること。

> 解説

　月極め保育や一時保育の申し込みがあった場合は、利用予定者に施設見学と保育サービスの内容、保育料等の説明を行い、利用予定者の意思を確かめてから契約を行うように努める必要があります。また契約書は、利用予定者と読み合わせをして、契約内容を理解していることを確認してから調印します。

　なお契約者から入園料からクーリング・オフ（一定期間内であれば無条件で契約を解除することができる特別な制度）の申し出があった場合でも、契約者が保育施設に自ら出向いて行った契約であるためクーリング・オフの対象になりません。

> 新制度の基準

　新制度では、施設利用希望者は、市町村に申し込み後、市町村が調整する仕組みになります。また保育料は、所得に応じた負担（応能負担）を基本として、国の基準をベースに地域の実情に応じて市町村が設定します。そのため契約書は、認可外保育施設とは別の形式になります。

❾ 備える帳簿

> **認可外　基準**
>
> 職員及び保育している児童の状況を明らかにする帳簿を整備しておかなければならないこと。

解 説

「考え方」内で、帳簿の種類について以下のようにあります。

○　職員に関する帳簿等
　・職員の氏名、連絡先、職員の資格を証明する書類（写）、採用年月日等

○　保育している児童の状況を明らかにする帳簿等
　・在籍児童及び保護者の氏名、児童の生年月日及び健康状態、保護者の連絡先、児童の在籍記録等

○　労働基準法等の他法令においても、各事業場ごとに備えるべき帳簿等について規定があり、保育施設も事業場に該当することから、各保育施設ごとに 帳簿等の備え付けが義務づけられている。児童福祉法に基づき都道府県等が行う指導監督の際にも、必要に応じ、これらの帳簿を活用するとともに、備え付けられていない場合には、関係機関に情報提供するなどの適切な対応が必要である。

職員については、労働基準法等の法令で各事業所（保育施設も該当）ごとに備えるべき帳簿等（下記）について規定があり、児童福祉法に基づく指導監督の際に開示義務があります。

1. 履歴書
2. 労働者名簿
3. 賃金台帳
4. 雇用契約書等

　また、保育している子どもの状況を明らかにする帳簿等（下記）を個人ごとに備える必要があり、児童福祉法に基づく指導監督の際に開示義務があります。

・入園申込書
・契約書
・健康診断書または、健康報告書と母子手帳の健診のページのコピー

　このほかに備えておき、児童福祉法に基づく指導監督の際に開示義務がある書類は下記のとおりです。また書面は、紙媒体で作成する必要があり、記憶媒体よって代替することは認められていません。

・定期健康診断（年2回）の記録
・毎月の身体測定の記録
・避難訓練の記録
・献立
・園だより等の発行物
・保育士資格証明書（コピー可）
・職員健康診断書（コピー可）
・検便検査報告書

第四章

事故事例とリスク管理

第四章 事故事例とリスク管理

保育施設と事故

　厚生労働省から発表した平成24年1年間の認可外保育施設と認可保育施設での死亡事故は、認可外保育施設12件、認可保育施設6件です。この数字だけ見ると認可外保育施設は、認可保育施設の2倍事故が多いように見えます。しかし認可外保育施設と認可保育施設では、施設数で3倍、園児数で11倍の違いがあります。ですから認可外保育施設での園児1人当たりの死亡事故発生率は、認可保育施設の実に20倍以上高いことになります。

　また骨折、火傷などの重大な負傷事故は、同じく厚生労働省の資料によると平成24年1年間では、認可外保育施設で17件、認可保育施設では110件発生しています。認可外保育施設の園児1人当たりの負傷事故発生率は、認可保育施設の1.7倍です。

　認可外保育施設と認可保育施設では、負傷事故はほぼ園児数に比例しているのに対して、死亡事故数が著しく高い理由については、まだ結論が出ていないのが実情です。

　この要因として、保育の質（園児1人当たりの保育室面積、保育従事者数、保育従事者の質・労働環境等）が認可保育施設と比べて劣っていることを理由に挙げる関係者の声をよく耳にします。自治体の手厚い補助によって経営が安定している認可保育施設と比べて主な収入を保護者の収入に頼っている認可外保育施設は、保育の質の向上に十分にお金を

かけられないのは確かでしょう。ちなみに0歳児の場合、認可外保育施設が保護者から得ている保育料と認可保育施設が自治体から得ている保育料（委託金）の間には、約3倍の開きがあります。

　このほか園児側の要因としては、年齢、保育時間が考えられます。認可保育施設の園児の年齢構成（定員）は、0歳から6歳まで年齢ごとにほぼ同じか、年齢が上がるにしたがって増えていきます。これに対して認可外保育施設では、0～2歳児が極端に多く、年齢が上がるにしたがって減っていくピラミッド構造になっています。厚生労働省の資料では、死亡事故になった園児の約半数が0歳児であり、その多くが睡眠中に起こっています。

　ほとんどの認可保育施設では、夜間保育を実施していません。そのため夜間勤務をしている保護者の多くは、いわゆるベビーホテルなどの認可外保育施設を利用しています。園児の低年齢と長時間保育という保育の質とは無関係な「園児側の要因」が死亡率の差に繋がっている可能性も否定できないのではないでしょうか。

重大事故の防止

　保育施設での死亡事故の多くが、園児の睡眠中や外遊び、急病時に起きています。また誤食や誤飲など子どもの日常的な行動が事故に繋がっています。

　死亡事故の要因は、様々です。しかし保育従事者がもう少し想像力を働かせて事前の用意を怠らなければ防止できたものがほとんどです。全ての死亡事故に共通する根本的な要因は、保育従事者の「想像力の欠如」と「用意不足」にあることをしっかりと認識する必要があります。

　保育施設で事故が起こり、責任者や保育従事者が刑事・民事訴訟の裁判で最初に問われるのは、その事故の予見の可能性です。ようするに危険な事態や被害が発生する可能性があることを事前に認識できたかどうかということです。重大な結果を予見できたにもかかわらず、危険を回避するための対応・配慮を怠った場合は、過失が問われることになります。

　保育中にひやっとしたりはっとした経験は、保育従事者なら誰もが体験しています。その場合、その場の対応で終わらせてしまうと後には何も残りません。しかしこの「ひやり・はっと」経験を活かすことが重大事故を未然に防ぐカギなのです。園児の重大事故がなんの兆しもなく突然起こることはほとんどありません。保育従事者が危険を見過ごして事故を誘発する基盤ができて初めて重大事故は発生します。もし「ひやり・はっと」を経験したとき「なぜ起こったのだろう、事態がエスカレートしたらどうなっていただろう、どうすれば防げたのだろう」という流れに基づいてシミュレーションを行い、事前の準備を怠らなければ事故の発生や事態の悪化は防ぐことができます。

　「ひやり・はっと」経験は、保育従事者全体で共有することが大切で

す。話し合うことによってシミュレーションと事前の準備は、実現性と効果がより高まります。また事前の準備の内容や進め方を考えるときは、子どもの安全と利益を最優先にするという基本姿勢が大切です。

体調不良時の登園について

　認可保育施設では、発熱、下痢、嘔吐に対して以下の表の左欄のように指導しているところが多いようです。かなり厳しい内容で、これを厳守すると本当のことを言わない保護者もでてきます。しかし体調の正しい情報は、保育従事者にとってなにより大切な情報です。そこで私が園長を務める保育施設では、登園可否の判断は保護者に委ね、表の右欄のように体調が変化した場合に保護者に連絡しています。ただし保護者の判断は、子どもの体調より仕事の状況で大きく変化します。ですから体調不良が疑われる子どもについては、保育従事者全員にその旨を知らせ、30分に1回は、体温を測定して記録します。特に午睡中は、体調変化に注意する必要があります。

	認可保育施設が登園を控えるよう指導する症状	本園の対応
発熱	朝から体温が37.5℃を超えている 24時間以内に解熱剤を使用している 24時間以内に38℃以上の熱が出ていた	保育中に38℃を超えた場合は、保護者に連絡
下痢	24時間以内に2回以上の水様便があった 食事・水分を摂ると下痢をする	保育中に2回以上水様便が続く、また下痢のほかに嘔吐、発熱があった場合は保護者に連絡
嘔吐	24時間以内に2回以上の嘔吐があった 食欲がなく、水分もほしがらない	保育中に2回以上嘔吐した。また嘔吐のほかに下痢、発熱があった場合は保護者に連絡

事故事例と対応策

　「愚者は経験に学び、賢者は歴史に学ぶ」この言葉は、ドイツの統一に尽力し初代宰相に就任したビスマルクの有名な言葉です。実は、この言葉は、ビスマルクが歴史教育の大切さを人々に伝えるために述べているのではありません。言葉の本質は、『自分の手痛い失敗（＝経験）より、他人の失敗（＝歴史）に学べ』ということす。言い換えるなら「愚者は、自分で失敗して初めて失敗の原因に気付き、その後同じ失敗を繰り返さないようになるが、賢者は、他人の失敗から学び、同じ失敗をしないようにする」ということです。

　園児の死亡や障害の残るケガなど取り返しの付かない重大事故を起こしてしまった保育従事者は、刑事・民事上の責任を問われるだけでなく精神的にも大きな打撃を受けて、その多くが廃園しています。保育従事者は、自分の失敗（重大事故）から学ぶのでは遅いのです。他人の失敗から学び、同じ失敗をしないようにすることが何より大切です。

　そこで保育施設で実際に起こった重大事故のうち、起こる可能性の高い、睡眠中の事故、外遊びでの事故、誤飲事故、体調不良から発生した事故事例についてわかっている事実関係を表にまとめました。そのうえでどこに問題点があったのか、事前にどのような準備があれば、事故を未然に防いだり、重大事故に発展せずに済んだのか考えていきます。

睡眠中の事故

事例1

子ども	年齢・体調	8ヵ月　朝は良好
	場所	保育施設　保育室
	事故状況	午後の睡眠中に嘔吐物による窒息で死亡
保育従事者	人数	隣の保育室に3人
	距離	約3m
	対応①	窒息状態で発見された30分前に様子を確認
	対応②	発見後に子どもの保護者に連絡 来園した保護者の指示で救急に連絡 その後死亡を確認

事例2

子ども	年齢・体調	9ヵ月　朝は良好
	場所	保育施設　保育室
	事故状況	頭部にバスタオルを置いた敷布団の上でうつぶせの状態で死亡
保育従事者	人数	1人
	距離	不明
	対応①	午睡から発見までの2時間以上確認せず
	対応②	すぐに病院に搬送 その後死亡を確認

　乳児突然死症候群は主に1歳児以下（現実的には、2～10ヵ月）であることを考慮すれば、乳児の睡眠時のチェックは、10分に1回は行うべきです。早期発見は救命率の向上につながります。

　発見後は、呼吸、心拍の確認を行い停止している場合は、すぐに救急車の要請を行います。並行して、乳児の心肺蘇生法を実施します。心肺停止から5分以内に心肺蘇生法を実施した場合の救命率は約50％ですが、10分では20％まで低下します。

▶**事前の準備**

・乳児1人1人の睡眠時チェックを時間ごとに確実に行うために午睡チェ

ック表（p.196）を作成して、使用する。
・緊急時の連絡方法とその流れを徹底する。
・全ての保育従事者が子どもの心肺蘇生法を実施できるようにDVD教材等を用いて研修会を定期的に（年1回以上）行う。
・柔らかい敷布団を使用しない、バスタオルやぬいぐるみを頭の近くに置かない、仰向けに寝かせる、寝るときに厚着をさせないなど乳児突然死症候群防止に有効と言われている手段をできるだけ用いる。

外遊びでの事故

事例1

子ども	年齢・体調	6歳・不明
	場所	踏み切り
	事故状況	散歩の帰り道 踏切で警報が鳴り、一部が取り残される 線路上に本人が飛び出す 電車にはねられて死亡
保育従事者	人数	1人
	距離	踏切の線路を挟んだ距離
	対応①	20数名を引率
	対応②	警報機が鳴り、子どもの一部を踏切の向こうに置いてきてしまう

　保育従事者1名で20数名の子どもを引率し安全管理を行うのは、不可能です。保育室内でさえ保育時でも必ず複数の保育従事者を置くことが求められています。この場合も保育従事者が2人いれば子どもの列が二分されても安全管理が行われ、未然に事故を防げた可能性が高いと思われます。

　横断歩道では、歩行者が渡っている際は、交差する車は停止しています。しかし踏切では、歩行者が渡っている際も電車は、走行しながら近づいて来ます。踏切と横断歩道は、渡るという行為は同じでも危険性は、踏切がより高いと言えます。子どもたちのお散歩コースに危険性が高い

踏切を通るコースを選ぶべきではないでしょう。

▶ **事前の準備**

- お散歩などで外出する際は、子どもの人数と保育従事者の割合を予めガイドラインとして定めておく。（例えば、子ども10名までは保育従事者2人、15名までは3人、20名までは4人）
- ガイドラインどおり保育従事者の人数が用意できない場合は、外出は行わない。
- 強風注意報、雷注意報の発令時は、天気が良くても急変する場合があるので外出しない。また前日に台風等で強風が吹いた場合は、道路や公園に危険物が散乱している可能性があるので外出しないか事前に下見をして安全を確認してから外出する。
- 外出する子どものリストを作成し、出発、集合、到着時に確認する。
- お散歩コース、外遊びをする公園等は、事前に下見をして危険な場所や注意点を書き出し、同行する保育従事者の共通認識としておく。また緊急時以外は、下見していないルートへの変更は行わない。
- 日常的に利用する公園を複数の保育施設が利用している場合は、帽子の色を別のものにして、自園の子どもが一目で確認できるようにする。
- 公園では、保育従事者のうち1名以上を安全確認専従者として、危険性が高い場所（交通量の多い道路に面した場所、水辺、危険性の高い遊具）に配置する（子どもとは遊ばない）。

誤飲事故

事例1

子ども	年齢・体調	3歳・不明
	場所	保育施設　保育室
	事故状況	プラスチック製カプセル（直径3cm）を手に持って遊ぶ カプセルを口に咥えたので注意される カプセルを誤飲し、窒息状態になる 重大な後遺症が残る
保育従事者	人数	1人
	距離	不明
	対応①	子どもが自宅から持ってきたカプセルを預かる
	対応②	子どもに頼まれてカプセルを渡す カプセルを口に咥えていたので注意する カプセルを誤飲し、窒息状態になっているのを発見 （その後の対応については、不明）

事例2

子ども	年齢・体調	3歳・不明
	場所	保育施設　事務室
	事故状況	事務室に入り込む タバコの吸殻が入った缶ジュースを飲んだ可能性が高い （本人は、否定） しばらく様子を見る 顔色が悪くなり、嘔吐（タバコの一部が混じる） 救急車で病院に搬送 （その後の状況については、不明）
保育従事者	人数	1人
	距離	不明
	対応①	保育施設内で喫煙 事務室に子どもが入れる状態をつくる
	対応②	しばらく様子を見ていた

　事例1では、誤飲を防止できるタイミングとして①誤飲の危険性から預かったカプセルを再度子どもに渡した、②カプセルを口に咥えていたのに取り上げなかった、③誤飲時に口に咥えたのを見ていなかったという3回ありました。保育従事者がどのタイミングでもカプセルを取り上

げ、渡さなければ事故は未然に防げました。

　事例2では、子どもが飲み物と考える缶ジュースを灰皿がわりにしたこと、子どもにとって危険な物がある事務室に子どもが入れたことに問題があります。タバコの吸殻を灰皿に入れておけば、誤飲の可能性は低くなります。また事務室に施錠しておけば子どもは部屋に入れなかったはずです。タバコには、1本で1人分の致死量以上のニコチンが含まれています。タバコの毒性が高いことを理解していれば、誤飲の可能性だけで医療機関を受診した可能性は高かったと思われます。

▶ **事前の準備**

・大きさが4cm以下の玩具やドングリ、消しゴム、ゴム風船等は、誤飲の可能性があるので、使用しないか、使用する場合は、保育従事者が常に誤飲の可能性を考慮して管理・監視を行う。
・異物除去法の訓練を全ての保育従事者が定期的に（年1回以上）行う。
・洗剤、消毒液、絵の具等は、子どもが誤飲する可能性があるので子どもが入れない場所や手が届かない場所に保管する。また使用する際は、職員が管理して子どもを近づけない。
・調理室、事務室の施錠は確実に行い、日常的に子どもを入れない。
保育施設内の禁煙は、形式的なものにしない。施設管理者は、禁煙が実現できないなら喫煙所を設ける。
・化学物質（たばこ、家庭用品など）、医薬品を誤飲した場合や動植物の毒などによって中毒症状が見られる場合は、公益財団法人 日本中毒情報センター中毒110番■大阪072-727-2499（24時間対応）■つくば029-852-9999（9時〜21時対応）に相談する。

体調不良から発生した事故

事例

子ども	年齢・体調	5歳・不良（嘔吐・ふらつき）
	場所	保育施設　保育室
	事故状況	嘔吐・ふらつきがあり反応が鈍くなる 布団にねかせる ひきつけを2回起こす 保護者と救急車で病院に搬送 重大な後遺症が残る
保育従事者	人数	不明
	距離	不明
	対応①	嘔吐し、ふらつきがあるため布団に寝かせる 意識障害が疑われるので保護者ら連絡 保護者から「仕事が片付いてから行く」という回答
	対応②	ひきつけを2回起こすのを確認 嘔吐を確認 保護者が来園後に救急に連絡

　子どもがひきつけを連続して起こす痙攣重積を一刻も早く治療を必要とする症状と知っていれば保護者の到着を待たずに救急に連絡したはずです。また早期治療によって後遺症が残らなかった可能性もありました。

▶事前の準備

・ひきつけが起こったら嘔吐物が気管に入らないように顔を横にして寝かせ、ひきつけている時間を計測する。
・①痙攣が体の右左でバラバラ、②10分以上痙攣している、③痙攣を繰り返して起こしているなどの症状があったら髄膜炎、脳炎などの疑いがあるので早急に救急車を要請する。
・アレルギー体質の子どもが食事後に呼吸困難、意識不明、蕁麻疹、紅潮、血管性の浮腫を起こした場合、アナフィラキシーショックの疑いが強いので早急に救急車を要請する。

認可外保育施設に必要な保険

　これまで保育中の事故発生を予防するリスクコントロールについて述べてきました。しかし完全に事故を予防することは不可能です。また保育中には、死亡事故などの重大事故だけでなく骨折や裂傷などのケガも発生する可能性があります。保育中に園児がケガをした場合、ケガの原因が園児にあっても責任は、基本的に保育施設にあります。例えば保育中に園児Aが投げた玩具が園児Bに当たってケガをした場合、ケガの原因を作ったのは園児Aですが園児Bに賠償するのは、保育施設になります。ですから保育施設は、事故が起こった場合に備えた保険に入らなければなりません。

　認可外保育施設が加入する必要がある保険は、傷害保険と賠償責任保険、施設賠償責任保険の三つです。それぞれの保険の基本的な内容は、次のとおりです。

傷害保険

　被保険者（補償の対象となる人：この場合園児と保育従事者）が保育施設の活動中および往復中に、急激で偶然な外来の事故により被った傷害（熱中症および細菌性・ウイルス性食中毒を含む。）による死亡、後遺障害、入院、手術、通院を補償します。

賠償責任保険

　被保険者（補償の対象となる人：この場合園児と保育従事者）が保育施設の活動中および往復中に、他人にケガをさせたり、他人の物を壊し

たことによって、法律上の損害賠償責任を負った場合に対象となります。

施設賠償責任保険

　被保険者（補償の対象となる人：この場合保育施設）が建物や建築物など各種施設や設備構造上の欠陥あるいは管理上の不備等の原因で、施設の内外で通常行われる生産・販売・サービス業務の遂行に関連して、園児に身体的傷害や財物損壊を与えた場合に、法律上の賠償責任を負担することによって被る損害を保険金として支払うものです。

必要な保険額

　それでは、認可外保育施設は、どの程度の保険が必要でしょうか。下記の表は、保育中の事故内容とそれに対して支払われた支払保険金額です。傷害保険では、園児だけでなく保育従事者にも保険金が支払われています。保険従事者が従業員の場合は、労災加入が義務付けられています。しかし経営者と家族従業員は基本的に労災の対象とならないので傷害保険に加入する必要があります。また労災に加入している保育従事者も傷害保険に加入すべきでしょう。

　賠償責任保険と施設賠償責任保険は、同じような名称のため混同しがちですがまったく違うものです。賠償責任保険は、園児や保育従事者が他人にケガをさせたり、他人の物を壊した場合に保険金が支払われます。しかし園児が他の園児にケガをさせたり、保育従事者の監視下で園児がケガをした場合、園児や保育従事者の賠償責任保険から保険金が支払われることは、基本的にありません（例外もあるので加入は必要です）。この場合に支払われるのが施設賠償責任保険です。

　園内で園児が走り回って遊んでいる最中に転倒して足を骨折した場合、下記の表では、傷害保険と施設賠償責任保険の両方から保険金が支払われています。傷害保険で支払われる保険金は、ケガの種類や治療費で支払われる金額が決まっています。施設賠償責任保険は、保育中に発生した事故によってケガなどの被害を受けた園児の保護者と保育施設（実際は、保育施設が委託した弁護士）が賠償額について話合い（示談）して、その賠償額を保険会社が認めた場合に支払われます。被害者側がその賠償額等に納得しない場合は、裁判で争われることになります。通常、保育施設が負担した賠償責任に関する訴訟費用・弁護士費用等の争訟費用は、施設賠償責任保険から支払われます。

ベビーホテルを除く多くの認可外保育施設が加入しているのが公益財団法人スポーツ安全協会の「スポーツ安全保険」です。保険料は、損害保険会社と比べるとかなり安く、子どもは1人当たり年間800円、保育従事者は1人当たり年間1,300円です。支払保険金は、傷害保険で死亡2,000万円、後遺障害3,000万円、入院1日4,000円、通院1,500円です。この保険料には、賠償責任保険料も含まれていて、支払保険金は、一事故5億円（1人1億円）です。この保険は、インターネットで子どもの名前と年齢だけで加入（新規・追加）でき、支払いもコンビニエンスストアでできるので便利です。ただしこの保険は、記名方式なので一時保育の子どもは対象になりません。

　スポーツ安全保険には、施設賠償保険は含まれていませんので施設賠償保険は、別の損害保険会社で加入します。損保ジャパンや東京海上日動など多くの損害保険会社で加入できます。この保険は、無記名方式なので園児の氏名年齢は、加入時には必要ありません。保険料金は、保育施設を利用する子どもの人数と施設の構造等で決まります。例えば月極め保育25人、1日の一時保育の最大利用人数5人であれば30人分で加入します。支払保険金は、1事故5億円（1人1億円）で加入しておくと安心です。

傷害保険で支払われた事故内容	支払保険金
園児が園の遊具から転落して骨折	約10万円
園内で園児が走り回って遊んでいる最中に転倒して足を骨折	約8万円
保育従事者が保育中に遊具に激突して頭を負傷	約18万円
保育従事者が保育中に遊具を落とし足を負傷	約15万円

施設賠償責任保険で支払われた事故内容	支払保険料
園児がおやつをのどに詰まらせて死亡	約3,500万円
公園に外遊び中にガラスの破片で園児が指を切った	約10万円
園内で園児が走り回って遊んでいる最中に転倒して足を骨折	約84万円
保育従事者の監視下で園児が園の遊具から転落して骨折	約73万円
園の給食で食中毒が発生	約4万円

付録

付録

■収録書式について

　以下に収録したものは、全て認可外保育施設ラ・フェリーチェ保育園で使用した書式と現在使用している書式です。募集チラシは、Illustrator CS3で作成したものをPDFにしてあります。その他の書式は、Microsoft Office 2003のWordとExcelで作ってあります。

■データ送付の方法

　収録した書式の元データが必要な方は、以下の連絡先までご連絡ください。CDにてお送りすることが可能です。

連絡先
TEL＆FAX：029-875-7831
メール：info@t-harmony.or.jp

■書式仕様のご注意

　お送りしたCDに収められている書式は、本書を購入していただいた個人と団体に限り使用することができます。それ以外の利用の際は、著者に相談のうえご利用ください。

収録書式一覧

●NPO設立に関する書式
設立登記申請書 …………………… 158
登記用紙 …………………………… 159
財産目録 …………………………… 161
理事会議事録 ……………………… 162
設立趣意書 ………………………… 163
役員名簿 …………………………… 164
社員名簿 …………………………… 164
就任承諾及び宣誓書 ……………… 165
確認書 ……………………………… 166
事業計画書 ………………………… 167
設立総会議事録 …………………… 168
設立認証申請書 …………………… 169
予算書 ……………………………… 170

●設置届、変更届書式
認可外保育施設　設置届 ………… 172
設置届　別紙 ……………………… 173
認可外保育施設　変更届 ………… 177
変更届　別紙 ……………………… 178

●園児募集チラシ
No.1 ………………………………… 179
No.2 ………………………………… 180
No.3 ………………………………… 181
No.4 ………………………………… 182

●入園関係
入園案内（抜粋） ………………… 183
入園申込書 ………………………… 189
契約書 ……………………………… 190

健康報告書 ………………………… 191
幼児票 ……………………………… 192
掲示書類 …………………………… 193

●備品リスト ………………………… 194

●健康安全
全員健康チェック表 ……………… 196
個人健康チェック表 ……………… 196
午睡チェック表（一部抜粋）…… 196
発育表 ……………………………… 197
設定保育名簿 ……………………… 197
避難訓練記録簿 …………………… 197
投薬依頼書 ………………………… 198

●一時保育
一時保育受付 ……………………… 199
一時保育日誌 ……………………… 200

●請求人事書式
雇用契約書 ………………………… 201
労働者名簿 ………………………… 202
時給計算賃金台帳 ………………… 203
保育料金請求書 …………………… 203

●立ち入り検査
認可外保育施設指導監督調書 … 204
自主点検調書 ……………………… 205
評価基準（一部抜粋）…………… 207

特定非営利活動法人設立登記申請書

1. 名　　　称　　　特定非営利活動法人つくばハーモニー
1. 主たる事務所　　　茨城県つくば市苅間1223番地
1. 登 記 の 事 由　　　平成23年8月2日設立手続終了
1. 証明書到達の年月日　　　平成23年8月2日
1. 登記すべき事項　　　別紙のとおり
1. 添付書類

　　　　定　　款　　　　　　　　　　　　　1通

　　　　認 証 書　　　　　　　　　　　　　1通

　　　　代表権を有する者の資格を証する書面　　3通

　　　　資産の総額を証する書面　　　　　　　1通

　　　　事務所設置を証する書面　　　　　　　1通

上記のとおり登記の申請をする。

平成23年8月8日

（主たる事務所）　　茨城県つくば市苅間1223番地

申　請　人　　　特定非営利活動法人つくばハーモニー

（住　　所）　　茨城県取手市〇〇

理　　事　　　髙橋　晃雄

水戸地方法務局　御中

(商号)特定非営利活動法人つくばハーモニー	1 / 2 頁

「名称」　特定非営利活動法人つくばハーモニー
「主たる事務所」　茨城県つくば市苅間1223番地
「法人設立の年月日」　平成23年8月2日
「目的等」
　目的および業務
この法人は、地域で子育て中の両親や青少年を中心とした広く一般市民を対象として、保育所運営、学童保育と子育てに関する支援、保育・教育関係者の連帯と支援、各種講座の開催、野外体験活動、ボランティア育成に関する事業を行い、子供の健全な育成、社会福祉の増進、社会教育の推進と職業能力の増進に寄与することを目的とする。
この法人は、上記の目的を達成するため、次に掲げる種類の特定非営利活動を行う。
(1) 保健、医療又は福祉の増進を図る活動
(2) 社会教育の推進を図る活動
(3) 子どもの健全育成を図る活動
(4) 職業能力の開発又は雇用機会の拡充を支援する活動
(5) 以上の活動を行う団体の運営又は活動に関する連絡、助言又は援助の活動
この法人は、上記の目的を達成するため、次の事業を行う。
(1) 特定非営利活動に係る事業
　①地域の子供の保育及び一時保育などの保育所運営事業
　②放課後や休日における児童の健全育成を目的とした学童保育事業
　③両親、一般市民、青少年を対象とした交流の場を提供する事業
　④地域の子供と両親を対象とした野外体験活動事業
　⑤一般市民、保育・教育関係者のための資格、創業、ボランティア育成等
　　に関する講座、研修会開催事業
　⑥保育・教育、自然体験活動を行う団体や個人を支援する事業

申請人印

(商号)特定非営利活動法人つくばハーモニー	2 / 2 頁

(2) その他の事業
　①パンフレット等の印刷事業
　②マニュアル等の出版事業
「役員に関する事項」
「資格」　理事
「住所」　茨城県取手市光風台三丁目14番6号
「氏名」　髙橋　晃雄
「役員に関する事項」
「資格」　理事
「住所」　○○
「氏名」　○○
「役員に関する事項」
「資格」　○○
「住所」　○○
「氏名」　齋藤　隆
「資産の総額」　0円
「登記記録に関する事項」　設立

申請人印

財産目録(平成 23 年 8 月 8 日現在)

特定非営利活動法人つくばハーモニー

資産の部
1 流動資産
　　現金　　　　0 円
　　普通預金　　0 円
　　流動資産合計　0 円
2 固定資産
　　土地　　　　0 円
　　建物　　　　0 円
　　固定資産合計　0 円

負債の部
1 流動負債
　　流動負債合計　0 円
2 固定負債
　　固定負債合計　0 円
　　負債合計　　0 円

　　正味財産　　0 円

　これは当法人の設立当初の財産目録に相違ありません。
　　平成 23 年 8 月 8 日
　　特定非営利活動法人つくばハーモニー
　　理事　髙橋晃雄

特定非営利活動法人つくばハーモニー

理 事 会 議 事 録

1　日　時　平成23年8月7日 午前9時～10時
2　場　所　茨城県〇〇
3　出　席　3名(うち書面表決者1名)
　　　　出席者氏名　髙橋晃雄、〇〇、(書面表決者) 〇〇
4　審議事項
　　主たる事務所を「つくば市苅間1223番地」に置くことについて
5　議事の経過の概要及び議決の結果
　　理事〇〇氏より当法人の主たる事務所を「つくば市苅間1223番地」に置くことについて説明があり、審議の結果、全員異議なく承認可決された。
6　議事録署名人の選出に関する事項
　　議長より、議事録署名人として、髙橋晃雄氏を選任したいとの提案があり、全員異議なく承認された。

以上、この議事録が正確であることを証します。

　　平成23年8月7日

　　　　　　　　　　　　　　　　議事録署名人　　　　　　　　　　　印

　　　　　　　　　　　　　　　原本に相違ありません
　　　　　　　　　　　　　　　特定非営利活動法人つくばハーモニー
　　　　　　　　　　　　　　　理　事　髙橋晃雄

設 立 趣 旨 書

平成23年5月28日

特定非営利活動法人　つくばハーモニー
設立代表者　住所　茨城県取手市○○
　　　　　　氏名　高橋　晃雄　　　　　　印

1　趣　旨

　少子高齢化が進む我国においても首都圏や地方の中心都市では、認可保育園に入れない待機児童が増加し社会問題になっています。つくば市でもつくば新線の開通に伴い首都圏のベットタウンとして人口が急増し待機児童が発生しています。特に研究学園駅周辺は、認可保育園や児童館などの公的な援施設が無く、また住民のほぼ全員がここ数年内に移住してきているため親の連帯も少なく、親の多くが子育てに不安を感じているのが現状です。さらに原発事故の影響から外で遊ぶ子供たちの姿も見られなくなり、子供の健全育成への影響が懸念されています。

　こうした問題を解決するには、地域に親が利用しやすい保育と育児中の親たちが気軽に集まれるスペースを併設した施設とその運営母体が早急に必要です。また子供たちと親に自然の中で遊ぶ楽しさを思い出してもらうための持続的なイベントの実施も必要です。こうした子育て支援施設の運営と各種イベントの実施、ボランティア育成事業は、地域の不特定多数かつ多数の利益に寄与します。

　このような活動を行うに当たり個人や任意団体では、責任が不明確で限界があり、社会的信用も弱く契約締結などの経済活動を行うためにも法人化が必要です。また私たちの活動は、非営利で行います。

　この目的を達成するためには、社会的認知度が高く、自治体等との支援、協力を得ていける特定非営利活動法人の設立が最もふさわしいと考え、法人格を取得する運びとなりました。

　私たちは、利用者に対しては、「責任と思いやり」をモットーに地域には、積極的な情報公開を心がけて活動していきます。

2　申請に至るまでの経緯

　平成23年4月から有志による子育て支援事業、野外体験活動及びNPO法人の研究会を開催しました。

　平成23年5月15日に発起人会を開き、設立の趣旨、定款、会費及び財産、平成23年度及び平成24年度の事業計画、収支予算、役員の案を審議し決定しました。

役　員　名　簿

特定非営利活動法人つくばハーモニー

役　名	氏　名	住　所　又　は　居　所	報酬の有無
理事	髙橋晃雄	茨城県取手市〇〇	無
理事			無
理事			無
監事			無

社員のうち１０人以上の者の名簿

特定非営利活動法人つくばハーモニー

氏　　名	住　　所	備　考
髙橋　晃雄	茨城県取手市〇〇	

平成２３年５月２８日現在

就任承諾及び誓約書

平成23年5月28日

特定非営利活動法人つくばハーモニー　御中

　　　　　　　　住所又は居所

　　　　　　　　　　　　氏名　　　　　　　　　　印

　私は，特定非営利活動法人つくばハーモニーの理事に就任することを承諾するとともに，特定非営利活動促進法第20条各号に該当しないこと及び同法第21条の規定に違反しないことを誓約します。

　上記は，原本と相違ないことを証明します。

　　　　　　　　　特定非営利活動法人つくばハーモニー
　　　　　　　設立申請者　住所又は居所　茨城県取手市〇〇

　　　　　　　　　　氏名　髙橋　晃雄　　　　　　印

確　認　書

平成23年5月28日

特定非営利活動法人つくばハーモニー
設立代表者住所又は居所　茨城県取手市○○

　　　　　氏名　髙橋　晃雄　　　　　　　印

　特定非営利活動法人つくばハーモニーは、特定非営利活動促進法第2条第2項2号及び第12条第1項第3号に該当することを、平成23年5月28日に開催された設立総会において確認しました。

平成23年度事業計画書

成立の日から平成23年12月31日まで

特定非営利活動法人つくばハーモニー

1 事業実施の方針
　初年度においては、地域の親から要望の高い保育所・学童保育(無認可保育施設)の設置をおこない地域の子供の保育及び一時保育・学童保育事業を実施します。また財団法人ハーモニィセンターの協力を得て地域の公園でポニー乗馬会を実施することを予定しています。

(1)特定非営利活動にかかる事業

事業名	事業内容	実施予定日時	実施予定場所	従事者の予定人数	受益対象者の範囲及び予定人数	支出見込み額(千円)
保育所運営	乳児・幼児の保育と小学生の学童保育	毎週月曜日から土曜日	つくば市内	4名×実施日	地域の乳児・幼児・小学生15名×実施日	2,100
野外体験活動	親子を対象としたポニー乗馬	年2回	つくば市内	3名×2回	地域の親子50名×2回	50

(2)その他の事業
　準備中

特定非営利活動法人つくばハーモニー

設 立 総 会 議 事 録

1　日　時　平成23年5月28日　午前9時～10時
2　場　所　茨城県○○
3　出　席　12名（うち書面表決者3名）
　　　　　　出席者氏名　髙橋晃雄、○○、○○、○○
　　　　　　　（書面表決者）○○、○○、○○

4　審議事項
　(1) 議長選出
　(2) 第1号議案　特定非営利活動法人つくばハーモニーの設立について
　(3) 第2号議案　特定非営利活動法人つくばハーモニーの活動目的等の確認について
　(4) 第3号議案　特定非営利活動法人つくばハーモニーの定款について
　(5) 第4号議案　平成23年度及び平成24年度の事業計画及び収支予算について
　(6) 第5号議案　設立当初の役員・役員報酬について
　(7) 第6号議案　設立認証申請に係る項目について
5　議事の経過の概要及び議決の結果
　(1) 司会者髙橋晃雄氏より議長に齋藤隆氏を指名、満場一致で承認され、議事にはいった。
　(2) 第1号議案　特定非営利活動法人つくばハーモニーの設立について
　　　議長より、当法人設立の趣旨について説明があり、審議の結果、全員異議なく承認可決された。
　(3) 第2号議案　特定非営利活動法人つくばハーモニーの活動目的等の確認について
　　　当団体が特定非営利活動推進法第2条第2項第2号及び同法第12条第1項第3号に該当することが確認された
　(4) 第3号議案　特定非営利活動法人つくばハーモニーの定款について
　　　議長より、当法人の定款案について提案があり、審議の結果、全員異議なく承認可決された。
　(5) 第4号議案　平成23年度及び平成24年度の事業計画及び収支予算について
　　　議長より、平成23年度及び平成24年度の事業計画書案及び収支予算所案について提案があり、審議の結果、全員異議なく承認可決された。

設 立 認 証 申 請 書

平成23年5月31日

茨城県知事　橋本昌　殿

　　　　　　　　　　　申請者
　　　　　　　　　　　住所又は居所　茨城県取手市○○
　　　　　　　　　　　　ふりがな　たかはし　あきお
　　　　　　　　　　　氏　名　髙橋晃雄　　　　　　　　印
　　　　　　　　　　　電話番号　○○-○○-○○
　　　　　　　　　　　（携帯電話　○○-○○-○○）

　特定非営利活動促進法第10条第1項の規定により，下記のとおり特定非営利活動法人を設立することについて認証を受けたいので，申請します。

記

1　特定非営利活動法人の名称　特定非営利活動法人つくばハーモニー

2　代表者の氏名　髙橋晃雄

3　主たる事務所の所在地　茨城県つくば市

4　定款に記載された目的　この法人は、地域で子育て中の両親や青少年を中心とした広く一般市民を対象として、保育所運営、学童保育と子育てに関する支援、保育・教育関係者の連帯と支援、各種講座の開催、野外体験活動、ボランティア育成に関する事業を行い、子供の健全な育成、社会福祉の増進、社会教育の推進と職業能力の増進に寄与することを目的とする。

平成23年度 特定非営利活動に係る会計収支予算書

成立の日から平成23年12月31日まで

特定非営利活動法人つくばハーモニー

科　目	金　額	（単位：円）	
I　経常収入の部			
1　会費・入会金収入			
・正会員会費	36,000		
・賛助会員会費	30,000	66,000	
2　事業収入			
・保育所事業収入	3,000,000		
・野外体験活動事業収入	50,000	3,050,000	
3　寄付金収入		500,000	
経常収入合計			3,616,000
II　経常支出の部			
1　事業費			
・保育所事業費	2,100,000		
・野外体験活動事業費	50,000	2,150,000	
2　管理費			
・給料手当	0		
・福利厚生費	30,000		
・会議費	10,000		
・旅費交通費	70,000		
・通信運搬費	40,000		
・消耗品費	50,000		
・印刷製本費	40,000		
・水道光熱費	130,000		
・賃貸料	750,000		
・保険料	100,000		
・租税公課	0		
・雑費	50,000	1,270,000	
経常支出合計			3,420,000
経常収支差額			196,000
III　その他資金収入の部			
1　繰入金収入			
・その他の事業会計繰入金収入	0	0	
その他資金収入合計			0
IV　その他資金支出の部			
1　固定資産取得支出			
・什器備品購入支出	500,000		
3　予備費		50,000	
その他資金支出合計			550,000
当期収支差額			-354,000
前期繰越収支差額（設立時資金有高）			500,000
次期繰越収支差額			146,000

平成23年度　その他の事業会計収支予算書

成立の日から平成23年12月31日まで

特定非営利活動法人つくばハーモニー

科　目	金　額	(単位：円)	
Ⅰ　収入の部			
1　事業収入	0		
2　雑収入		0	
収入合計			0
Ⅱ　経常支出の部			
1　事業費	0		
2　特定非営利活動に係る事業会計への繰り出し		0	
3　予備費		0	
当期支出合計			0
当期収支差額			0
次期繰越収支差額			0

(様式1：設置届出書)　(第59条の2)

認可外保育施設設置届

平成○年○月○日

○○○知事　殿

住　　所　○○○○
氏　　名　○○○○
代　表　者　○○○○

　認可外保育施設を設置致しましたので、児童福祉法第59条の2第1項の規定により、関係書類を添えて次のとおり届け出ます。

(別紙)

平成○年　○月　○日　現在

①施設の名称	ラ・フェリーチェ保育園				
②施設の所在地	〒305-0817　つくば市研究学園D12-3　TEL 0298-75-7831 最寄り駅　つくば新線　研究学園駅　徒歩5分				
③設置者名	特定非営利活動法人つくばハーモニー				
④設置者住所	つくば市研究学園D12-3				
⑤代表者名	理事長　髙橋晃雄				
⑥管理者名	(氏名)　髙橋晃雄　　(職名)　園長				
⑦管理者住所	〒○○○-○○○○　○○○○○○　　　　　TEL ○○○-○○○-○○○○				
⑧事業開始年月日	平成○年　○月　○日				
⑨系列施設	有（系列施設数　2か所〔FC　直営店　〕うち茨城県内　1か所）				
⑩施設・設備	室　名	保育室等	調理室	便　所	その他	合　計
	室　数	1室	1室	2室		
	面　積	83.0 ㎡	5.0㎡	2.5 ㎡	4.0 ㎡	94.5 ㎡
	建物の構造	鉄骨造　鉄筋コンクリート造　煉瓦造 木造　その他(　　　　　　　)			1階建ての1階	
	建物の形態	専用建物　集合住宅　事務所ビル　業務用ビル　その他(　　　)				
⑪開所時間		通常開所時間	時間外開所時間	備　考	
	平　日	7:30～19:00	：～：		
	土曜日	：～：	7:30～19:00		
	日・祝日	：～：	：～：		
⑫提供するサービス内容	・月極契約　（対象年齢　10か月　～　　6歳　） ・一時預かり（対象年齢　10か月　～　　6歳　） ・夜間保育　（対象年齢　　　　　～　　　歳　） ・24時間保育（　〃　　　　　歳　～　　　歳　） ・（　　　　　）（　〃　　　　歳　～　　　歳　）			※1) 0歳児の場合は、月齢まで記入すること。 ※2) サービスの内容は、「記載上の注意」により分類すること。	

⑬利用料金	利用形態／年齢	月極額（月）	一時預かり単位(時間)	（　）単位（　）	（　）単位（　）	その他
	0歳児	63,500円	700円	円	円	・食事代　350円 ・入園金　20,000円
	1歳児	63,500円	700円	円	円	
	2歳児	53,500円	700円	円	円	
	3歳児	53,500円	700円	円	円	
	4歳児	48,500円	700円	円	円	
	5歳児	48,500円	700円	円	円	

※　上記料金の記載に当たり、当様式により難い場合は、利用形態別・年齢別料金がわかる書類を添付すること。

		0歳児	1歳児	2歳児	3歳児	4歳児〜就学前	学童	計
⑭	定員	2	3	3	3	3	0	14

⑮届出年月日の前日において保育している児童の人数（平成　○年　○月　○日　現在）

在園時間	年齢	0歳	1歳	2歳	3歳	4歳〜就学前	学童	計
昼間	午後8時までにお迎え	(　)	(　)	(　)	(　)	(　)	(　)	1 (　)
夜間	午後10時までにお迎え	(　)	(　)	(　)	(　)	(　)	(　)	(　)
深夜	午後10時〜午前2時までにお迎え	(　)	(　)	(　)	(　)	(　)	(　)	(　)
宿泊	午前2時〜翌朝にお迎え	(　)	(　)	(　)	(　)	(　)	(　)	(　)
24時間	24時間お迎えなし	(　)	(　)	(　)	(　)	(　)	(　)	(　)
計		(　)	(　)	(　)	(　)	(　)	(　)	1 (　)

※（　）内には、一時預かり児童数を再掲すること。　※園児がいない場合は記載しない

⑯保険加入状況	加入／未加入	保険の種類	賠償責任保険・傷害保険・その他（施設賠償責任保険）
		保険事故（内容）	スポーツ安全保険・施設賠償責任保険
		保険金額	死亡・後遺障害　○○万円 入院　○○円（日額） 通院　○○円（日額）

⑰提携医療機関	機関名	○○
	所在地	○○
	電話番号	○○
	提携内容	ケガ、病気の時の電話相談・受診

⑱届出年月日の前日において職務に従事している職員の配置数（　平成22年　3月　24日現在）

資格の有無等	A施設長		B保育従事者(Aを除く)		Cその他職員(A,Bを除く)		D合計（A＋B＋C）	
	常勤	非常勤	常勤　3人	非常勤　1人	常勤　　人	非常勤　　人	常勤4人	非常勤　人
	・保育業務への従事　従事している・従事していない ・資格（従事している場合に記入） 　保育士・看護師 　その他（　　）		保育士1人 看護師　人 幼稚園教諭　1人 その他1人 （　　）	保育士　人 看護師　人 幼稚園教諭　人 その他　人 （　　）	調理　　人 その他　人 （　　）	調理　　人 その他　人 （　　）		

⑲　⑱のうち、届出年月日の前日において保育に従事している者の配置数及び勤務の体制
○有資格者（保育士又は看護師資格あり）

職　名	勤務形態	勤務時間帯　〜8時 10時 12時 14時 16時 18時 20時 22時 24時 2時〜	勤務時間
（例）保育従事者（保育士）	常勤／非常勤	←8時〜16時→	8時間
保育従事者（保育士）	常勤	←10時〜17時→	7時間
	常勤／非常勤		
	常勤／非常勤		
	常勤／非常勤		

		総勤務時間	7時間

常勤換算後の人数
　総勤務時間　（　7　）時間　÷　8時間　＝　（　0.9　）人

○上記以外の職員

職　名	勤務形態	勤務時間帯　〜8時 10時 12時 14時 16時 18時 20時 22時 24時 2時〜	勤務時間
園　長	常勤／非常勤	←8時〜18時→	10時間
主　任	常勤／非常勤	←9時〜19時→	10時間
スタッフ	常勤／非常勤	←12時〜16時→	4時間
スタッフ	常勤／非常勤	←15時〜21時→	6時間
	常勤／非常勤		

		総勤務時間	30時間

常勤換算後の人数
　総勤務時間　（　30　）時間　÷　8時間　＝　（　3.75　）人

＊当届出書に各保育従事者の勤務の体制がわかる勤務割表等を添付した場合は、職員別の勤務時間帯の記入は不要。但し、常勤換算後の人数は必ず記入すること。
＊有資格者(保育士又は看護師)については、保育士登録証の写し等の資格が確認できる書類を添付すること。

付録

⑳職務に従事している職員の配置数（平均的な職員配置）

資格の有無等	A施設長		B保育従事者(Aを除く)		Cその他職員(A,Bを除く)		D合計（A＋B＋C）	
	常勤	非常勤	常勤　3人	非常勤　1人	常勤　　人	非常勤　人	常勤4人	非常勤　人
・保育業務への従事 従事している・従事していない ・資格（従事している場合に記入） 保育士 ・ 看護師 その他（　　）	従事している・従事していない		保育士1人 看護師　人 幼稚園教諭　1人 その他1人 （　　）	保育士　人 看護師　人 幼稚園教諭　1人 その他　人 （　　）	調理　　人 その他　　人 （　　）	調理　　人 その他　　人 （　　）		

⑲ ⑱のうち、届出年月日の前日において保育に従事している者の配置数及び勤務の体制
　○有資格者（保育士又は看護師資格あり）

職　名	勤務形態	勤務時間帯	勤務時間
（例） 保育従事者 （保育士）	常勤 非常勤	～8時 10時 12時 14時 16時 18時 20時 22時 24時 2時～	8時間
保育従事者 （保育士）	常勤 非常勤		7時間
	常勤 非常勤		
	常勤 非常勤		
	常勤 非常勤		

常勤換算後の人数　　　　　　　　　　　　　　　　　　　総勤務時間　7時間
総勤務時間（ 7 ）時間　÷　8時間　＝　（ 0.9 ）人

　○上記以外の職員

職　名	勤務形態	勤務時間帯	勤務時間
園　長	常勤 非常勤	～8時 10時 12時 14時 16時 18時 20時 22時 24時 2時～	11時間
主　任	常勤 非常勤		11時間
スタッフ	常勤 非常勤		4時間
スタッフ	常勤 非常勤		6時間
	常勤 非常勤		

常勤換算後の人数　　　　　　　　　　　　　　　　　　　総勤務時間　32時間
総勤務時間（ 32 ）時間　÷　8時間　＝　（ 4 ）人

＊当届出書に各保育従事者の勤務の体制がわかる勤務割表等を添付した場合は、職員別の勤務時間帯の記入は不要。但し、常勤換算後の人数は必ず記入すること。
＊有資格者(保育士又は看護師)については、保育士登録証の写し等の資格が確認できる書類を添付すること。

認可外保育施設変更届

平成 25 年 10 月 22 日

茨城県知事　殿

　　　　　　住　　所　　茨城県つくば市研究学園 D12 街区 3 画地

　　　　　　氏　　名　　特定非営利活動法人つくばハーモニー
　　　　　　　　　　　　理事長　髙橋晃雄　　　　　　㊞

　　　　　　電話番号　　029（ 875 ）7831

　認可外保育施設の届出事項を変更したので、児童福祉法第５９条の２第２項の規定により、関係書類を添えて次のとおり届け出ます。

施　設　の　名　称		ラ・フェリーチェ保育園
施　設　の　所　在　地		茨城県つくば市研究学園 D12 街区 3 画地
設　置　年　月　日		平成 22 年 3 月 1 日
変　更　事　項		・　施設の名称及び所在地 ・　設置者の氏名及び住所又は名称及び所在地 ・　建物その他の設備の規模及び構造 ・　施設の管理者の氏名及び住所
変　更　内　容	変　更　前	保育室 2 室
	変　更　後	保育室 3 室
変　更　事　由		保育室新設のため
変　更　年　月　日		平成 25 年 4 月 1 日

注意　建物その他の設備の規模及び構造を変更したときは、施設平面図（新旧）を添付すること。

ラ・フェリーチェ保育園　施設平面図

新

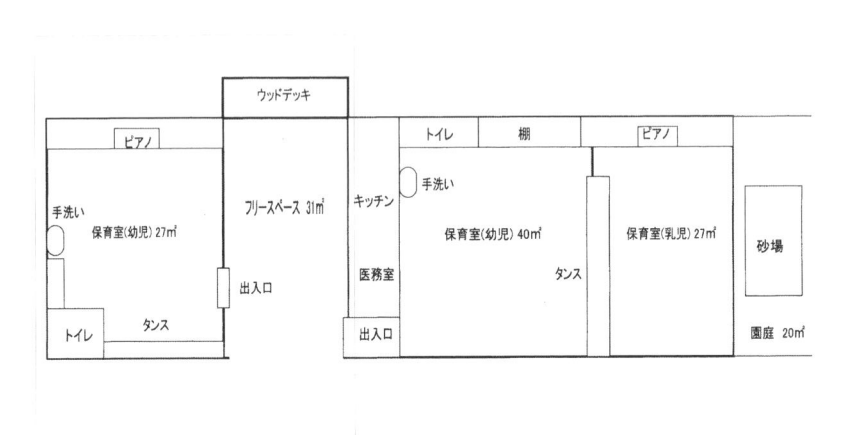

		ウッドデッキ		トイレ	棚	ピアノ	
ピアノ							
手洗い	フリースペース 31㎡	キッチン	手洗い	保育室(幼児) 40㎡	保育室(乳児) 27㎡	砂場	
保育室(幼児) 27㎡		医務室		タンス			
トイレ	タンス	出入口	出入口			園庭 20㎡	

駐車場　　新設部分

旧

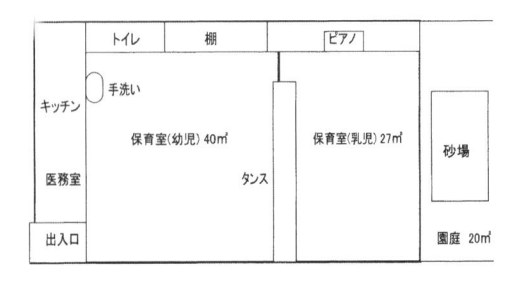

	トイレ	棚	ピアノ	
キッチン	手洗い			砂場
	保育室(幼児) 40㎡	保育室(乳児) 27㎡		
医務室		タンス		
出入口				園庭 20㎡

ラ・フェリーチェ保育園

3月1日開園

平成22年 新入園 園児募集

定員 **35**名

保育理念
- 健康、安全、マナーなど家庭や社会生活に必要な基礎的習慣を養います。
- 人に対する愛情と信頼感を大切にする心と自主・協調の精神を養います。
- 野外体験活動や生き物とのふれあいを通して五感と生きる力を培います。

保育の特色

自由混合保育
全園児が一緒に園生活をします。あそびや生活の中で年下の子は、年上の子から知識や言葉を学び、年上の子は思いやりや心配り心が芽生え、やがてリーダーシップを培っていきます。

自然体験活動
近隣の公園を活用した外遊びや四季折々の生き物との出会い、セラピードッグとのふれあいの五感を育み、生きる力を培います。野外活動には子どもの自然体験活動の経験豊富なインストラクター資格を有する保育が指導します。

幼児教育
1歳からあそびの中で手指に親しみ、自然に覚えていくプログラムを立てています。4歳から、ひらがな・カタカナと小学校1年生で習う漢字と知的教育を目標とした教育プログラムを実施します。当園は、小学校教諭資格を有する職員を配しています。

対象 1歳～6歳
保育時間 月～金 7:30～19:00
入園料 20,000円
月極保育料
　1歳児 58,000円
　2-3歳児 53,000円
　4-6歳児 43,000円
　保育料・給食費等別
　兄弟割引有

一時保育
　1時間 1,000円
　入園料なし
　割引制度有

お問合せは
0120-971-855

ラ・フェリーチェ保育園 準備室

つくば市下横場 228-1　エーシーティジェネレーター株式会社内

付録

園児募集

月極保育

対象 6ヵ月 ～ 6歳
保育時間
月～金 7:30 ～ 19:00
入園料 20,000円
保育料
月～金曜日保育
～1歳児 58,000円
2-3歳児 53,000円
4-6歳児 43,000円
週3日間保育
～1歳児 48,000円
2-3歳児 43,000円
4-6歳児 34,000円
保険料 1,500円
おやつ代 2,000円
給食費 一食 350円
兄弟割引あります
利用時間が短い場合は
別途お見積いたします

見学・説明会
毎週火・木・土曜日開催
事前予約制です

La felice は、イタリア語で「幸せ」を意味することばです。入園する子どもたちが幸せになることを願い園名にしました。特定の宗教や思想に偏らない保育と教育を実践しています。

保育理念
● 健康、安全、マナーなど家庭や社会生活に必要な基礎的習慣を養います。
● 人に対する愛情と信頼感を大切にする心と自主・協調の精神を養います。
● 野外体験活動や生き物とのふれあいを通して五感と生きる力を培います。

保育の特色

自由混合保育
全園児が一緒に園生活をします。あそびや生活の中で年下の子は、年上の子から知識や言葉を学び、年上の子は思いやりの心が芽生え、リーダーシップを培っていきます。

自然体験活動
近隣の公園を活用した外遊びや四季折々の生き物との出会い、セラピードッグとのふれあいで五感を育み、生きる力を培います。野外活動には子どもの自然体験活動の経験豊富なインストラクター資格を有する職員が同行指導します。

幼児教育
1歳からあそびの中で英語に親しみ、自然に覚えていくプログラムをおこないます。4歳から、ひらがな・カタカナ、小学校1年生で習う漢字と数の習得を目標とした教育プログラムを実施します。指導は、小学校教諭資格を有する職員がおこないます。

上の写真は相模原市にある姉妹園の様子

一時保育

対象 6ヵ月 ～ 6歳
保育時間
月～土 7:30 ～ 19:00
事前予約制です
入園料 不要
保育料
30分 500円
5,000円券購入の場合
30分間分サービス
初回利用1時間無料

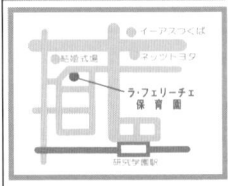

ラ・フェリーチェ保育園

つくば市研究学園 D12街区3画地
TEL 029-875-7831
http://www.la-felice.co.jp (3月中旬UP)

園児募集

月極保育

子どもの感性は実に素晴らしいものです。しかし大人になるにつれて、この感性が鈍っていきます。
だからこそ子ども時代には、緑豊かなつくばの自然の素晴らしさを体験して感性を養うべきでしょう。
本園が実践している幼児の野外体験では、知ることよりも、感じることが大切だという考えに基づいて活動しています。

天気のいい日は毎日、7.3haの広大な研究学園駅前公園で遊びます。夏は水遊びや昆虫採集、冬は広場でサッカー遊びや林のネイチャープログラム、多様な環境や生き物との出会いが知的好奇心を育て、やがて学習意欲に変わっていきます。

また子どもは、日々変化する自然やあそびに対応していくことで規範や行動力を身につけ、その積み重ねが生きる力になっていきます。

しかし野外体験活動は、室内や園庭での活動より危険性が高くなります。危険を予知して排除または回避することができる指導者が必要です。

本園では、野外体験活動にCONE(自然体験活動推進協議会)とRAC(川に学ぶ体験活動協議会)の指導者資格を有し、10年以上の経験を有している職員が同行指導します。

全年齢の子どもたちが一緒に生活する混合自由保育をおこなっています。混合自由保育の利点として、年下の子は言葉や知識を早にたくさん覚え、年上の子は思いやりの心やリーダーシップが芽生え、頭につくことなどがあげられます。また少人数保育と定員制を採用しているため、そのそれぞれが相談しながら生活指導を行ったりするなど、幼稚園の先生の手のひらや感触に沿って保育によりがちな傾向を回避することができます。

園での毎日の様子をお知らせする予定した連絡帳を使用しているほか、また、お迎え時や夕方のお話にゆっくりできる時間を設けています。子育てや健康面に関する悩みや心配事の相談などに専門的な立場からお答えしています。

おかあさんの就業国籍等に関係なくすぐ入園できます

対象 3ヶ月～6歳
保育時間
月～金 7:30～19:00
保育料
月～金 午後5:30まで
～1歳児 48,000円
2-3歳児 43,000円
4-6歳児 33,000円

週3日 午後5:30まで
～1歳児 43,000円
2-3歳児 38,000円
4-6歳児 29,000円
5:30以降は別途お見積

入園料 20,000円
保険料 月額 1,500円
おやつ代 月額 2,000円
給食費 一食 350円

一時保育

対象 3ヵ月～小学生
保育時間
月～土 7:30～19:00
事前予約制です
入園料 不要
保育料
小学生 550円
4-6歳 600円
3歳 700円
1歳6ヶ月-3歳 750円
3ヶ月-1歳5ヶ月 800円
おやつ代 100円
給食費 350円

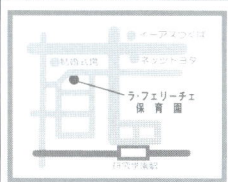

ラ・フェリーチェ保育園

つくば市研究学園D12街区3画地
TEL 029-875-7831
http://www.t-harmony.or.jp

子育て支援NPO法人
つくばハーモニー運営
認可外保育施設

園児募集

野外体験活動が生きる力を育みます

子どもの感性は実に素晴らしいものです。しかし大人になるにつれて、この感性が鈍っていきます。
だからこそ子ども時代には、緑豊かなつくばの自然の素晴らしさを体験して感性を養うべきでしょう。
本園が実践している幼児の野外体験では、知ることよりも、感じることが大切だという考えに基づいて活動しています。

天気のいい日は毎日、7.3haの広大な研究学園駅前公園で遊びます。夏は水遊びや昆虫採集、冬は広場でサッカー遊びや林のネイチャープログラム。多様な環境や生き物との出会いが知的好奇心を育て、やがて学習意欲に変わっていきます。
また子どもは、日々変化する自然やあそびに対応していくことで規範や行動力を身につけ、その積み重ねが生きる力になっていきます。
しかし野外体験活動は、室内や園庭での活動より危険性が高くなります。危険を予知して排除または回避することができる指導者が必要です。
本園では、野外体験活動にCONE(自然体験活動推進協議会)とRAC(川に学ぶ体験活動協議会)の指導者資格を有し、10年以上の経験を有している職員が同行指導します。

個別学習指導が学力と学ぶ楽しさを育みます

本園では、2歳児から雨天時の設定保育時間と午後の自由あそびの時間を利用して幼児教育をはじめます。最初は、カードを使ったゲームでひらがな、カタカナ、漢字、数字をおぼえていきます。
4歳児以上のクラスでは、生活時間を小学校生活に近づけ、学習、音楽、体育の時間を設けます。設定保育の時間は、2時間。昼食は12時、お昼寝(休憩)は1時間。午後2時から3時まで算数と国語をドリルを使って、小学校教諭資格を有するスタッフが個別指導します。おやつの後は、曜日ごとに英語、ピアニカ、なわとびを教えます。
4歳児以上の年間学習時間は、算数と国語で約220時間、音楽と体育、英語で約100時間。卒園までに算数は、小学2年程度を目標とし、理解できる園児は、更に学習を進めています

保育スタッフは有資格者

本園では、食事のマナーやトイレトレーニングなど社会生活に必要な基礎的習慣の取得を徹底しています。そのためには、職員の充実と子どもたちが落ち着いて生活できる空間が必要です。
本園では、朝の会から設定保育と昼食に乳児、年少児5人に対して1人の職員を配置して、きめ細かい保育を実施しています。また保育スタッフは全員、保育士、幼稚園教諭、小学校教諭の資格を有しています。
園児1人当たりの保育室面積も国の基準の150%以上を確保し、子どもたちが落ち着いて生活できる空間づくりをしています。

おかあさんの就業国籍等に関係なくすぐ入園できます

対象 10ヶ月～6歳
保育時間
月～金 7:15～19:00

保育料
午後5:30まで
～1歳児 48,000円
2-3歳児 43,000円
4-6歳児 34,000円

午後7:00まで
～1歳児 58,000円
2-3歳児 53,000円
4-6歳児 43,000円

保育料には、保険料、教材費、おやつ代が含まれています
給食費 1食 350円

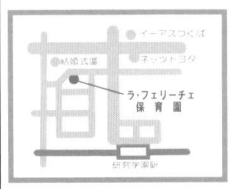

ラ・フェリーチェ保育園

つくば市研究学園D12街区3画地
TEL 029-875-7831
http://www.t-harmony.co.jp

ラ・フェリーチェ保育園

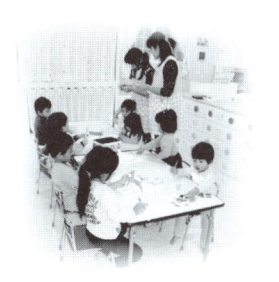

入園案内

特定非営利活動法人
つくばハーモニー

保育の特色①
本園の野外体験活動

子どもの五感を刺激する、わくわく・ドキドキ
毎日の自然体験活動が生きる力を育む

本園では、天気のいい日は毎日、7.3ha の広大な研究学園駅前公園で遊びます。夏は水遊びや昆虫採集、冬は広場でサッカー遊びや林のネイチャープログラム。多様な環境や生き物との出会いが知的好奇心を育て、やがて学習意欲に変わっていきます。

また子どもは、日々変化する自然やあそびに対応していくことで規範や行動力を身につけ、その積み重ねが生きる○○力になっていきます。

しかし野外体験活動は、室内や園庭での活動より危険性が高くなります。危険を予知して排除または回避することができる指導者が必要です。

本園では、野外体験活動にCONE（自然体験活動推進協議会）とRAC（川に学ぶ体験活動協議会）の指導者資格を有し、10年以上の経験を有している職員が同行指導します。

生きる力

生きる力とは、自ら課題を見つけ、自ら学び、自ら学び、自ら考え、主体的に判断し、行動し、よりよく問題を解決する資質や能力です。また自らを律しつつ、他者とともに協調し、他者を思いやる心や感動する心など、豊かな人間性を養う力であると考えます。

体験活動が子どもの豊かな心を育む

平成10年に旧文部省が全国1万1千もの児童を対象に行った調査によると、チョウやトンボ、バッタなどの昆虫を捕まえる、太陽が昇るところや沈むところを見る、夜空いっぱいに輝く星をゆっくり見る、といった「自然体験」の多い子どもほど、友達が悪いことをしていたらやめさせる、バスや電車で席をゆずる、などの「道徳観・正義感」が強いという結果が見られたのです。この調査結果をもとに、旧文部省生涯学習審議会は、平成11年、「生活体験・自然体験が日本の子どもの心をはぐくむ」と題した答申を発表しました。

体験学習が子どもの生きる力の育成の基盤となっていることは、これまで、経験的に指摘されてはきましたが、この結果で明らかになったのです。

入園要綱

対象年齢　　生後 10 ヵ月から 6 歳まで

保育日　　月極保育　月曜から金曜日
　　　　　　祭日休園　夏季休園（5 日間以内）　年末年始休園（7 日間以内）

保育時間　　午前 7 時 30 分から午後 7 時

保育料金

週 5 日保育	19:00 まで	17:30 まで
0～1 歳児	63,500 円	53,500 円
2～3 歳児	53,500 円	48,500 円
4～6 歳児	48,500 円	38,500 円
追加保育料	30 分 350 円	

○ 入園料は、30,000 円です。
○ 保育料金には、保険料、教材費、おやつ代が含まれています。
○ 給食代は、1 食 350 円です。
○ 兄弟割引は、年上のお子様だけが対象で 3 割引になります。
○ 月途中からの入園は、日割り計算になります。

入所定員　　0-3 歳児クラス 24 名　　4-6 歳児クラス 12 名

設置者　　特定非営利活動法人つくばハーモニー

管理者　　髙橋晃雄　取手市○○　TEL○○-○○-○○　携帯○○

建　物　　木造平屋建て　保育室約 94 ㎡　トイレ 3 カ所　事務室・調理場

施設名称　　ラ・フェリーチェ保育園　つくば市研究学園　D12 街区 3 画地

事業開始　　平成 22 年 3 月

付録

ラ・フェリーチェ保育園　保険プランのご説明

このプランは、お預かりしているお子様が、ラ・フェリーチェ保育園の**管理下**にある間に、傷害を被ったときに保険金をお支払いいたします。

① **傷害保険**　　　スポーツ安全保険
　　死亡保険金　　　　　2,000万円
　　後遺障害保険金額　　3,000万円
　　入院保険金(日額)　　4,000円
　　通院保険金(日額)　　1,500円

② **賠償責任保険**　スポーツ安全保険
　　身体・財物　　1事故　　5億円
　　　　　　　　　1人　　　1億円

③ **施設賠償責任保険**　　損保ジャパン
　　身体　　　　1事故　　5億円
　　　　　　　　1人　　　5千万円
　　財物　　　　1事故　　1千万円

「管理下」とは
・ ラ・フェリーチェ保育園の施設内(園庭を含む)にいる間。
・ 園の職員の管理下、近くの公園や野外保育に出かけたとき。

保険金お支払いの対象
・ 園児が、急激かつ偶然な外来の事故によってその身体に被った傷害。
・ 身体外部から有毒物質を偶然かつ一時的に吸収したときに急激に生ずる中毒症状。

保険金が支払われない主な場合
・ 保険契約者（保育所）または、被保険者（園児）の故意。
・ 保険金を受け取るべきもの（保護者）の故意。
・ 被保険者の自殺行為、闘争行為。
・ 被保険者の脳疾患、疾病または心神喪失。
・ 放射線照射または、放射線汚染。
・ むちうち症、腰痛。
・ その他の症状を訴えている場合であっても、それを裏付けるに足りる医学的他覚所見のないもの。

職　員

平成 25 年 9 月 1 日現在

	髙橋　晃雄　（理事長・園長） 体育施設管理士、野外体験活動指導者 市議会教育福祉常任委員長、PTA 連合会会長 相模原市認定保育室園長
	髙橋　美由紀　（主任） 聖徳短大　初等教育学科卒 小学校教諭二種、幼稚園教諭二種、保育士資格 学童保育、自然体験活動勤務
	○○　○○ ○○大　教育音楽学科卒 幼稚園教諭一種 保育士資格 幼稚園勤務
	○○　○○ ○○短大　保育科卒 幼稚園教諭二種 保育士資格 幼稚園、障害者センター勤務
	○○　○○ ○○大学　教育学部卒 小学校教諭一種 中・高学校教諭一種（社会） 小学校、マニラ日本人学校勤務
	○○　○○ ○○専門学校こども福祉科卒 保育士資格
	○○　○○ ○○学教育学部小学校教員養成課程音楽科卒 小学校教諭一種 中学校教諭一種音楽、高等学校教諭一種音楽 中学校、学童保育、学習塾勤務

付録

ラ・フェリーチェ保育園　持ち物リスト

毎日持ってきていただくもの

- ★ ハンドタオル　2枚(手拭タオル用・口拭きタオル用)
- ★ コップ・歯ブラシ(コップ専用の袋をご用意ください)
- ★ ランチ用スプーン・フォーク
- ★ 粉ミルク・哺乳瓶・離乳食・エプロン(必要なお子様のみ)
- ★ 連絡帳

手拭きタオル
← ひもを付けてください
お名前

毎週持ってきていただくもの

- ★ お昼寝用寝具　(夏はバスタオル2枚　冬はバスタオル1枚とブランケット1枚)
- ★ 着替え　(室内用薄手のもの上下2セット・外出用フリース・トレーナーなど1枚)

不足時に持ってきていただくもの

- ★ 汚れた衣服を入れるビニール袋束(ヨコ20cm×タテ30cm位のひも付)
- ★ 紙おむつ　1袋
- ★ おしりふき
- ★ BOXティッシュ　(毎月1箱)

入園時に持ってきていただくもの

- ★ 健康保険証のコピー　1枚
- ★ 母子手帳　最近の検診・予防接種ページのコピー　各1枚
- ★ 健康報告書
- ★ 認印
- ★ 入園料

- ● 寝具は週末に持ち帰り、ご自宅でお洗濯をしてください。
- ● 紛失などを防ぐためにすべての持ち物(紙おむつ含)に名前を記入してください。
- ● 紙おむつ等が少なくなりましたらお知らせいたしますので補充をお願いします。

ラ・フェリーチェ保育園
入園申込書

ラ・フェリーチェ保育園　の契約内容を承諾の上、
下記の通り入園を申し込みます。

園児
写真

※太枠のみご記入ください。

| 申込日　平成　　年　　月　　日 | 　　　年　　　月　　　日入園 |

フリガナ		性別	生年月日
園児氏名		男・女	平成　年　月　日生
フリガナ			
自宅住所	（〒　　－　　）		
自宅電話番号			
フリガナ			
保護者氏名	①	②	
勤務先名			
勤務先電話番号			

通　園　日		
曜　　日	月　火　水　木　金　（通園日を○で囲む）	
時　　間	7:30～17:30　　7:30～19:00　（○で囲む）	
予　　定	平成　年　月　日から通園予定	

付録

契 約 書

1. 入園金は、保護者の都合により入園を取りやめた場合は返却いたしません。
2. お子様が伝染病・ひどいかぜなどの病気の疑いがある時、また熱のある時は、お預かりできません。
3. お子様が病気など、異常のある場合は、原則として保育はお受けできません。但し、医師の判断により快方に向かっている場合は、同意書を提出の上ご相談に応じます。
4. 保育料は、料金前納でお願い致します。
5. 月保育の途中解約は、保育料を返金致しません。
6. 保育料を滞納された時、または規約を守らない時は、退園して頂く場合があります。
7. 傷害保険に加入していますが、食中毒・心臓病等の持病がある場合は、責任を負いかねます。
8. 傷害を被った場合、当社加入の保険会社規定の範囲内で補償いたします。

上記の契約を締結いたします。

平成　　年　　月　　日

保護者住所

保護者氏名　　　　　　　　　　　　　　　　　㊞

保護者氏名　　　　　　　　　　　　　　　　　㊞

園　住　所　　茨城県つくば市研究学園 D12 街区 3 画地
　　　　　　　電　話　０２９８−７５−７８３１

園　　　名　　ラ・フェリーチェ保育園

園 長 氏 名　　高　橋　　　晃　雄

健 康 報 告 書

記入日：平成　年　月　日

フリガナ		性別	生年月日	血液型
幼児氏名		男・女	平成　年　月　日生	
かかりつけの病院名		（病院）TEL		
平均体温	度	睡眠時間　　時間	授乳時間	時間置き	ミルクの量

幼児発育歴

- ＊出産暦　第（　）子
- ＊出　産　　安産・帝王切開・早産（　ヶ月）
- ＊出生時の体重　　（　　）g
- ＊栄　養　　母乳・人工乳・混合
- ＊主な養育者　（　　　　　　　　）
- ＊離乳完了　　　H　年　月
- ＊おむつがはずれた時　H　年　月
- ＊首がすわり　　　H　年　月
- ＊歩行開始　　　　H　年　月
- ＊発言（マンマ・ブーブー等）H　年　月

健康状態

- ＊かなり丈夫　　　＊やや丈夫
- ＊現在かかっている病気、またはケガ

予防接種

種類		接種日	種類		接種日
＊三種混合 ・百日咳 ・ジフテリア ・破傷風	第一期	第1回　H　年　月 第2回　H　年　月 第3回　H　年　月	＊ツベルクリン		H　年　月
			＊BCG		H　年　月
	第二期		＊日本脳炎	第1回	H　年　月
				第2回	H　年　月
＊ポリオ（急性灰白髄炎）		H　年　月	＊水　痘		H　年　月
＊2種混合 ・はしか ・風しん	第一期	H　年　月	＊インフルエンザ	第1回	H　年　月
	第二期			第2回	H　年　月
＊おたふくかぜ		H　年　月	＊その他（　　　　）		

かかった病気

＊はしか	＊手足口病	H　年　月
＊風しん	＊とびひ	H　年　月
＊おたふくかぜ	＊突発性発疹	H　年　月
＊水ぼうそう	＊その他（　　　　）	H　年　月

- ＊脱臼　　　＊ひきつけ　　　＊ぜんそく　　　＊かぜ　　　＊気管支炎
- ＊扁桃腺　　＊肺炎　　　　　＊中耳炎　　　　＊便秘　　　＊下痢
- ＊自家中毒　＊急性消化不良　＊ヘルニア　　　＊その他（　　　　　　）
- ＊体質の異常　（例／アレルギー性鼻炎・アトピー性皮膚炎・食物アレルギー・じんましん　等）
（

ラ・フェリーチェ保育園

付録

幼　児　票

記入日：平成　年　月　日

フリガナ		性　別	生　年　月　日	年　齢
幼児氏名		男・女	平成　年　月　日生	才　ヶ月

保護者から見た家庭での子どもたちの生活	食事	＊食事の量　　　　（　多い　・　普通　・　少ない　） ＊食事の様子　　　（　早い　・　普通　・　遅い　） ＊偏食　　　　　　（　なし　・　ある＝それは、＿＿＿＿＿＿＿＿＿）
	食べ物の好み	＊好きな食べ物 （　　　　　　　　　　　　　　　　　　　　　　　　） ＊嫌いな食べ物 （　　　　　　　　　　　　　　　　　　　　　　　　）
	睡眠	＊午睡　　　　（　いつもする　・　あまりしない　） ＊寝つき　　　（　良　　い　・　悪　　い　） ＊添い寝　　　（　す　る　・　し　な　い　）
	排泄	＊大便が自分で　（　できる　・　できない　） ＊小便が自分で　（　できる　・　できない　） ＊夜尿　　　　　（　しない　・　時々する　・　よくする　）
	清潔	＊顔を自分で　（　洗　う　・　洗わない　） ＊手を自分で　（　洗　う　・　洗わない　） ＊歯を自分で　（　磨　く　・　磨かない　）
	衣服の着脱	＊服を自分で　　　（　着る　・　少し手伝えば着る　・　着られない　・着せてもらいたがる　） ＊服を自分で　　　（　脱ぐ　・　少し手伝えば脱ぐ　・　脱げない　） ＊ボタンを自分で　（　掛ける　・少し手伝えば掛ける　・　掛けられない　）
	言語	＊赤ちゃん語　＊はっきり言える　＊どもる　＊その他（　　　　　　　）
	遊び	＊友達が　　　　　　（　いる・いない　） ＊家では　　　　　　（　１人で遊ぶ　・　大人と遊ぶ　・兄弟と遊ぶ　） ＊特に興味を持つもの　（　　　　　　　　　　　　　　　）
	運動	＊寝返り　　　＊ハイハイ　　＊つかまり立ち　＊つたい歩き ＊転びやすい　＊不器用　　　＊運動恐怖　　　＊その他（　　　　）
	性質	＊すねる　＊怖がる　＊わがまま　＊頑　固　＊やんちゃ　＊活発 ＊優しい　＊内　気　＊良く笑う　＊良く泣く　＊その他（　　　）

園で注意してほしいこと	
備考	

ラ・フェリーチェ保育園

設置者　　特定非営利活動法人つくばハーモニー

管理者　　髙橋晃雄　取手市光〇〇　TEL〇〇-〇〇-〇〇　携帯〇〇

建　物　　木造平屋建て　保育室3室94㎡　トイレ3カ所　事務室・調理場

施設名称　ラ・フェリーチェ保育園　つくば市研究学園　D12街区3画地

事業開始　平成22年3月

対象年齢　生後10ヵ月から6歳まで

保育日　　月極保育　月曜から金曜日
　　　　　祭日休園　夏季休園(5日間以内)　年末年始休園(7日間以内)

保育時間　午前7時30分から午後7時

保育料金

週5日保育	19:00まで	17:30まで
0〜1歳児	63,500円	53,500円
2〜3歳児	53,500円	48,500円
4〜6歳児	48,500円	38,500円
追加保育料	30分350円	

○　入園料は、20,000円です。
○　保育料金には、保険料、教材費、おやつ代が含まれています。
○　給食代は、1食350円です。
○　兄弟割引は、年上のお子様だけが対象で3割引になります。
○　月途中からの入園は、日割り計算になります。

入所定員　　0-3歳児クラス24名　　4-6歳児クラス12名

職　員　7名
　　　　園　　長　髙橋晃雄(体育施設管理士)
　　　　保　育　士　髙橋美由紀、〇〇、〇〇
　　　　幼稚園教諭　髙橋美由紀、〇〇、〇〇
　　　　小学校教諭　髙橋美由紀、〇〇、〇〇

付録

● 備品リスト

	適用	単価	数	合計
電化製品	FAX電話	18000	1	18000
	冷蔵庫	25000	1	25000
	電気ポット4ℓ	10000	1	10000
	電子レンジ	10000	1	10000
	テレビ	30000	1	30000
	DVDプレーヤー	5000	1	5000
	CDラジカセ	10000	1	10000
	キーボード	25000	1	25000
	掃除機	10000	1	10000
	洗濯機	35000	1	35000
	パソコン	75000	1	75000
	デジタルカメラ	15000	1	15000
	プリンター	10000	1	10000
	タイムレコーダー	20000	1	20000
	扇風機	3000	1	3000
機器類	体重計	5000	1	5000
	身長計	1000	1	1000
	消火器	4000	1	4000
	お散歩カー	56000	1	56000
	掛け時計・温湿計	5000	1	5000
家具・什器	カーテン一式	50000	1	50000
	床マット	1000	40	40000
	園児タンス	9000	7	63000
	シューズボックス	3000	4	12000
	カラーボックス	1300	12	15600
	ベビーベッド	9000	2	18000
	園児テーブル（大）	25000	3	75000
	園児イス（大）	4000	12	48000
	園児テーブル（小）	5000	4	20000
	園児イス（小）	2000	16	32000
	ピアノフェンス材料	20000	1	20000
	ゴミ箱	1000	3	3000
収納	収納ボックス	3000	5	15000
	オムツ入れボックス	3000	1	3000
	おもちゃボックス	2980	1	2980
	歯ブラシトレイ	105	1	105
	食器トレイ	105	1	105
乳児	紙おむつ	1200	1	1200
	おしりふき	105	3	315
	ティッシュペーパー	250	2	500
	哺乳瓶	1000	1	1000
食器類	子供用コップ	105	5	525
	子供用スプーン	105	5	525
	子供用フォーク	105	5	525
	子供用箸	105	5	525
	割り箸	105	1	105
	おやつ皿	105	30	3150
	ピッチャー2ℓ	300	3	900
	水切りカゴ	800	1	800
キッチン用品	まな板	1000	1	1000
	包丁	1000	1	1000
	お盆	1000	2	2000
	フキン	105	5	525
	スポンジ	105	2	210
	スポンジ置き	105	1	105
	食器洗い洗剤	105	1	105
	麦茶パック	300	10	3000
	アイスノン	800	1	800
医薬品	体温計	1000	2	2000
	傷消毒剤	500	1	500
	虫刺され薬	1000	1	1000
	バンドエイド	105	1	105
	綿棒	105	1	105
	ピンセット	105	1	105
	ハサミ	105	1	105
	ウエットティッシュ	105	2	210
	救急箱	105	1	105
	絵本	1000	25	25000

分類	品目	単価	数量	金額
保育用品	童謡CD	300	10	3000
	ブロック玩具	3500	2	7000
	おままごとセット	1500	2	3000
	砂遊びセット	1000	2	2000
	英語DVD	1000	4	4000
	おさんぽ帽子	500	30	15000
	ホイッスル	105	2	210
	画用紙	105	10	1050
	折り紙	105	10	1050
	両面テープ	105	10	1050
	筆	105	10	1050
	絵の具	105	10	1050
	クレヨン	105	10	1050
	色鉛筆	105	10	1050
	ハサミ	105	10	1050
	のり	105	10	1050
	粘土	105	20	2100
事務什器	事務机	10000	1	10000
	事務イス	5000	1	5000
	書類入れ	10000	1	10000
	手提げ金庫	2000	1	2000
事務用品	ファイル	300	10	3000
	筆記用具	105	5	525
	セロテープ	105	3	315
	ガムテープ	105	3	315
	計算機	1000	2	2000
	朱肉	105	1	105
	スタンプ台	105	1	105
	クリップボード	105	5	525
	クリアファイル	900	1	900
	プリンター用紙	350	1	350
	横判子	2000	1	2000
	ホチキス	105	2	210
	クリップ	105	1	105
	穴あけパンチ	105	1	105
	カッター	105	2	210
	封筒	105	3	315
衛生・清掃器具	ほうき・チリトリ	800	1	800
	水モップ	800	1	800
	バケツ	300	2	600
	ハンドソープ	400	3	1200
	消毒液（オスバン）	2000	1	2000
	スプレー	105	3	315
	トイレブラシ	300	1	300
	トイレ洗剤	300	1	300
	雑巾	300	1	300
	タオル	300	10	3000
	マットレス	3000	3	9000
寝具	敷きマット	1000	8	8000
	ベビーマット	3000	2	6000
	タオルケット（予備）	1000	2	2000
	コーナークッション	700	20	14000
固定・防災	指ハサミ防止カバー	105	4	420
	ドアストッパー	400	1	400
	結束バンド	105	1	105
	非常持ち出し袋	1500	1	1500
	金具・ねじ	3000	1	3000
	プランター・苗	20000	1	20000
合計				995725

全員　健康チェック表

	月　日(　)	朝 体温	午睡後 体温	排便	備考	プログラム
1						
2						
3						
4						
5						
6						
7						
8						
9						
10						

個人健康チェック表　　H　○年　○月　　□□□　H24.1.7

No.	日付	保育時間	昼の投薬	健康状態で注意する点	登園時の様子	連絡先	降園予定時間	お迎え予定者	お迎えに来た人	伝達事項
1			有・無　済			職場　携帯				
2			有・無　済			職場　携帯				
3			有・無　済			職場　携帯				
4			有・無　済			職場　携帯				
5			有・無　済			職場　携帯				
6			有・無　済			職場　携帯				
7			有・無　済			職場　携帯				
8			有・無　済			職場　携帯				
9			有・無　済			職場　携帯				
10			有・無　済			職場　携帯				

午睡　チェック表

　/　　(　)

名前

時間	サイン
11:00	
11:10	
11:20	
11:30	
11:40	
11:50	
12:00	
12:10	
12:20	
12:30	
12:40	
12:50	
13:00	
13:10	
13:20	
13:30	
13:40	
13:50	

名前

時間	サイン
11:00	
11:10	
11:20	
11:30	
11:40	
11:50	
12:00	
12:10	
12:20	
12:30	
12:40	
12:50	
13:00	
13:10	
13:20	
13:30	
13:40	
13:50	

名前

時間	サイン
11:00	
11:10	
11:20	
11:30	
11:40	
11:50	
12:00	
12:10	
12:20	
12:30	
12:40	
12:50	
13:00	
13:10	
13:20	
13:30	
13:40	
13:50	

名前

時間	サイン
11:00	
11:10	
11:20	
11:30	
11:40	
11:50	
12:00	
12:10	
12:20	
12:30	
12:40	
12:50	
13:00	
13:10	
13:20	
13:30	
13:40	
13:50	

発　育　表

	名前		4 /	5 /	6 /	7 /	8 /	9 /	10 /	11 /	12 /	1 /	2 /	3 /
1		身長												
		体重												
2		身長												
		体重												
3		身長												
		体重												
4		身長												
		体重												

設定保育名簿　　月　　日

	徒　歩	TX・ベビーカー	園　内
担当			
1			
2			
3			
4			
5			
6			

スケジュール	備　考

平成25年　避難訓練　記録簿

実施日	参加人数	訓練内容
月　　日	職員　名　園児　名	
月　　日	職員　名　園児　名	
月　　日	職員　名　園児　名	
月　　日	職員　名　園児　名	
月　　日	職員　名　園児　名	
月　　日	職員　名　園児　名	
月　　日	職員　名　園児　名	
月　　日	職員　名　園児　名	
月　　日	職員　名　園児　名	
月　　日	職員　名　園児　名	
月　　日	職員　名　園児　名	

付録

投 薬 依 頼 書

園児名		生年月日	年	月	日
病院名		受診日	年	月	日

投薬理由	
投薬方法	
記載例	夕食後にオレンジの粉薬を少量の水に溶かして飲ませる。 お昼寝前後に緑色の塗り薬を首の右の付け根に薄く塗る。

投薬依頼にあたって、下記の事項を了承のうえ、ご署名をお願いします。

- 当園職員は、医師の指示をいただいた保護者と同じ方法で投薬いたします。
- 当園職員は、医師・看護士のような医療行為はできません。
- 解熱剤、座薬は投与いたしません。
- 市販の薬剤(風邪薬・下痢止等)は、お預かり、投薬いたしません。
- 依頼された投薬行為により、病状の急変や後遺症が発生しても当園では、一切の責任を負いません。

ラ・フェリーチェ保育園　園長　高橋晃雄

記入年月日　　年　　月　　日

保護者氏名

一 時 保 育 受 付

受付日	一時保育日時	幼児氏名	
月 日	月　　　　　日 （　　曜日） 　　　時　　　分　～ 　時　　　分	名前 _____ 年齢 _____ 歳 <u>男</u>　・　<u>女</u>	
受付者	親 氏名・住所 　名前 _____ 　住所 _____	親 電話番号 　自宅 _____ 　携帯 _____	

受付日	一時保育日時	幼児氏名	
月 日	月　　　　　日 （　　曜日） 　　　時　　　分　～ 　時　　　分	名前 _____ 年齢 _____ 歳 <u>男</u>　・　<u>女</u>	
受付者	親 氏名・住所 　名前 _____ 　住所 _____	親 電話番号 　自宅 _____ 　携帯 _____	

当日キャンセルは、100％のキャンセル料がかかることを必ず伝えてください

一 時 保 育 日 誌

平成　　年　　月　　日

フリガナ		お家での呼び方
な ま え	男・女	
生 年 月 日	平成　　年　　月　　日　（　　歳）	
住所・電話	〒　　　　　　　　　　　　　　　　TEL　　－　　－	
緊急連絡先	TEL　　－　　－	
給　　食	持参　・　注文	
健 康 状 態	元気・不調（　　　　　　　）	お迎え予定時間
体　　温	℃	時

保育園での様子

食事		ミルク		
		時　　分		cc
		時　　分		cc
排便	時　　分　（硬・普通・下痢）	睡眠	時　　分　～　　時　　分	
	時　　分　（硬・普通・下痢）		時　　分　～　　時　　分	

保育時間	時　　分　～　　時　　分
保育料金	円　×　　　時間　＝　　　　　　円
おやつ	円
給　食	円
合　計	円

上記金額を領収いたしました。

　　　　　　　　　　NPO法人つくばハーモニー
　　　　　　　　　　ラ・フェリーチェ保育園

雇 用 契 約 書

雇 用 条 件

勤 務 先　○○○市○○○　○○○保育園

勤 務 時 間　○曜日〜○曜日 0:00 〜 00:00 休憩無し
　　　　　　（休園日は休み）

勤 務 期 間　試用期間一ヶ月

職　　種　　保育スタッフ（保育士資格）

給　　与　　時給曜○○○円　（残業は15分単位）

交 通 費　　1ヵ月○○○円

社 会 保 険　なし

支 払 日　　月末締め、翌月○○日支払い

上記条件で雇用契約を締結いたします。

契約の証として2通作成し、雇用者、被雇用者がそれぞれ保管する。

平成○○年○月○日

雇用者　　　　　　　　　　　　　　　　　　　　印

被雇用者　住　所　_____

　　　　　氏　名　_____　印

労 働 者 名 簿

ふりがな 氏 名			従事する業務の種類	
生年月日		性別 男・女		

住 所	

雇入れ年月日	平成　　　年　　　月　　　日

雇入れの経過	年度定期雇入　　　　年度(増員・補充)雇入		
	紹介先	学校 安定所	その他　(　　　　　　　　)

退職又は死亡	年　　　月　　　日　退職・死亡	
	事由又は原因	

履歴　　　　　　　　　職　　歴

―――――――――――――――――――――――――――
―――――――――――――――――――――――――――
―――――――――――――――――――――――――――
―――――――――――――――――――――――――――
―――――――――――――――――――――――――――
―――――――――――――――――――――――――――
―――――――――――――――――――――――――――

通勤経路	交通費/月	給与振込口座

健康保険記号・番号	基礎年金番号	厚生年金基金番号	雇用保険番号
(資格取得)　年　月　日	(資格取得)　年　月　日	(資格取得)　年　月　日	(資格取得)　年　月　日

初期設定

- シリアルNo
- 初期設定

事業所名	ラ・フェリーチェ保育園		
就業期間	2013.10.1	～ 2013.10.31	までの勤怠です
処理単位	出勤時間と退出時間の切り上げ、切り捨て単位は		15
交通費	日額の場合は1、月額の場合は2、と入力して下さい		2

- スタッフ登録

シートNo	スタッフID	氏名	時給	交通費
1	1	○○	¥850	¥3,000
2	2	□□	¥850	¥3,000
3				
4				
5				
6				
7				
8				

請求書

2014/1/30

□□□ 様

□月分保育料	週5日 5時まで	43,000 円
保険料		1,500 円
おやつ代		2,000 円
延長料金(1時間500円)	7日1.5H 23日1H 30日1.5H	2,000 円
給食費	18 日分 (350円)	6,300 円
消費税		2,600 円
合計		57,400 円

お支払いは、一週間以内に、
また、つり銭の無いようお願いいたします。

ラ・フェリーチェ保育園
つくば市研究学園D12－3
TEL 029－875－7831

領 収 書

平成　年　月　日

□□□ 様

¥　　57,400

但し ○月ご請求分として　上記正に領収いたしました

ラ・フェリーチェ保育園
つくば市研究学園D12－3
TEL 029－875－7831

園長　高橋 晃雄

(様式第2号)

認可外保育施設指導監督調書

1 施設の概況

施設名		事業開始年月日	年　　月　　日
所在地		TEL	(　　)
経営主体	1 地方公共団体　2 社会福祉法人　3 社団・財団・日赤　4 医療法人　5 民間会社　6 その他法人　7 個人　8 その他		
系列施設	有　(都道府県内　カ所, 都道府県外　カ所 ＜直営店・FC＞　　　無)		
代表者名		施設長名	
設置者名			
設置者住所等	〒　　　　　　　　　　　　　　　　　　　　　　　　TEL　　(　　)		
保育時間	1 24時間　　　　　　　　　　　　　　4 夜のみ(泊無)(　時　分～　時　分)　2 昼のみ(　時　分～　時　分)　　5 泊のみ(　時　分～　時　分)　3 朝から夜(泊無)(　時　分～　時　分)　6 その他		
休日保育	有　(　日曜日　・　祭日　)　　　無		

保育料	月額	日額	時間極め	その他
	歳児　　　　円	歳児　　　　円	歳児　　　　円	食事代　　　円
	歳児　　　　円	歳児　　　　円	歳児　　　　円	ミルク代　　円
	歳児　　　　円	歳児　　　　円	歳児　　　　円	おむつ代　　円
	歳児　　　　円	歳児　　　　円	歳児　　　　円	他　　　　　円

所有関係	1 自己所有(土地・建物)　2 借地・借家(土地・建物)　3 その他(　　　)
所在地	1 周辺図　　　　　　　　2 平面図
種別	1 事業所内保育施設(院内, その他)　2 ベビーホテル　3 その他の認可外保育施設
備考	(運営委託の場合:委託先等)

施設名　_____

児童の安全確保に係る自主点検調書

各保育施設において「認可外保育施設指導監督調書」を提出する際、一緒に提出してください。

児童の安全確保に係る自主点検調書　　　　（認可外保育施設用）

点検項目	点検事項	自主点検	備考
1 日常の安全管理　職員の共通理解と所内体制	1　安全管理に関し、職員会議で取り上げるなど、職員の共通理解を図っているか。	適・否	
	2　児童の安全管理に関して、職員の役割を明確にし、協力体制のもと事故防止にあたっているか。	適・否	
	3　職員が手薄の時は、特に安全に対し注意しているか。	適・否	
	4　万一の場合の避難場所や保護者・行政機関等への連絡方法を職員に周知しているか。	適・否	
	5　来訪者用の入口・受付を明示し、外部からの人の出入りを確認しているか。	適・否	
	6　防災・防犯のための避難訓練等を実施しているか。	適・否	
関係機関等との連携	7　市町村の施設・事業所管課、警察署、児童相談所、保健所等関係機関や民生委員・児童委員、地域団体と連絡を取り、連携して情報を共有できる体制となっているか。	適・否	
	8　関係機関からの注意依頼文書を配布掲示するなど周知徹底しているか。	適・否	
	9　近隣の個人、保育所、幼稚園、学校等と相互に情報交換する関係になっているか。	適・否	
施設・事業者と保護者の取り組み	10　児童に対し、犯罪・事故から守るため、屋外活動に当たっての注意事項を職員が指導しているか。また、家庭でも話し合われるよう働きかけているか。	適・否	
	11　門、囲障、外灯、窓、出入口、鍵、遊具等の状況を点検しているか。	適・否	
施設設備面における安全確保	12　危険な場所、設備等への囲障の設置、施錠等の状況を点検しているか。	適・否	
	13　自動警報装置、防犯監視システム等を設置している場合は、作動状況の点検、警備会社等との連携体制を確認しているか。	適・否	

付録

近隣地域の危険箇所の把握と対応	14	日頃から地域の安全に目を配り、危険箇所の把握に努めているか。	適・否
通所時における安全確保	15	児童の送迎は原則として保護者が行うべきことを保護者に徹底しているか。	適・否
	16	ファミリーサポートセンターやベビーシッターを利用する場合など保護者以外の者が迎えに来る場合、原則としてその都度職員が保護者に確認しているか。	適・否
所外活動における安全確認	17	危険な場所,設備等を把握しているか。	適・否
	18	携帯電話等による連絡体制を確保しているか。	適・否
安全に配慮した施設開放	19	施設開放時は,保護者に対して児童から目を離さないよう注意を喚起しているか。	適・否
2 緊急時の安全確保	1	施設周辺における不審者等の情報が入った場合に、次のような措置を執る体制が整備されているか。	
不審情報がある場合の連絡等の体制	・	職員間による状況認識の一致を図り、職員体制を確立する。	適・否
	・	児童・保護者等の利用者に対して、情報を提供し、必要な場合には職員の指示に従うよう注意を喚起する。	適・否
	・	警察に対しパトロールを要請する等警察と連携を図る。	適・否
	・	児童の安全の確保のため、保護者や民生児童委員、地域活動団体等の協力を得ている。	適・否
不審者の立入りなど緊急時の体制	2	施設内に不審者が立ち入った場合など緊急時に備え、次のような体制を整備しているか。	
	・	直ちに職員が協力体制を取り,人身事故が起きないよう事態に対応する。	適・否
	・	不審者に対し施設外への立ち退きを要求する。	適・否
	・	直ちに施設長を始め、職員に情報を伝達し、児童への意喚起、児童の安全を確保し、避難誘導等を行う。	適・否
	・	警察や施設・事業所管課、保護者等に対し、直ちに通報する。	適・否

※ 各施設において強化した(計画している)安全確保対策を,記入して下さい。

- 2 -

別表　評価基準　（雇児発第0121002号「認可外保育施設指導監督基準を満たす旨の証明書の交付について」）

○使用方法
　施設側・・・立入調査の前に「施設回答」欄に回答を記載して下さい。
　調査者・・・立入調査の際に、評価基準の（評価事項）に従い判定し、「実際の指導（口頭・文書）」欄に○を記載して下さい。

○判定と指導

判定区分	内　　容	指導の基準
A	指導監督基準を満たしている事項	－
B	指導監督基準を満たしていないが、比較的軽微な事項であって改善が容易と考えられるもの	口頭指導
C	指導監督基準を満たしていない事項で、B判定以外のもの	文書指導

※B判定に該当する事項であっても、以前の立入調査において指摘がなされたことがあり、新たな立入調査によっても再度指摘がなされる場合など、児童の安全確保の観点から特に注意を促す必要がある場合には、文書指導を行うこと。

○改善結果
　立入調査の際に指導した事項に対しての、その後の改善結果を記録すること。
　（改善した場合は、「改善・○年○月○日」と記入すること。）

目次
1　保育に従事する者の数及び資格
2　保育室等の構造施設及び面積
3　非常災害に対する措置
4　保育室を2階以上に設ける場合の条件
5　保育内容
6　給食
7　健康管理・安全確保
8　利用者への情報提供
9　備える帳簿

付録

指導基準	調査事項	調査内容	施設回答	評価基準		判定区分 B / C	実際の指導 口頭 / 文書	改善結果
				評価事項				
1 保育に従事する者の数及び資格	(1) 保育に従事する者の数 [基準] 乳児 おおむね3人につき1人以上 幼児 ・1、2歳児 おおむね6につき1人以上 ・3歳児 おおむね20人につき1人以上 ・4歳児以上 おおむね30人につき1人以上 ※以下、乳幼児を総称する場合は、「乳幼児」とする。 [考え方] ここでいう保育に従事する者は、その勤務時間を常勤職員に換算して上記の人数を確保すること。 (有資格者・その他の職員別に、それぞれの勤務従事時間数の合計を8時間で除して常勤職員数とみなす)	保育従事者の必要数の算出 ※ 以下、必要数の算出は年齢別に小数点1桁(小数点2桁以下切り捨て)日までを算出し、その合計の端数(小数点1桁)を四捨五入する。 a 調査日の属する月を基準月とし、月極めの利用契約幼児数を基礎とする。 (以下F「基礎乳幼児数」という。) b 時間預かり(一時預かり)がある場合は、基礎乳幼児数に時間預かりの乳幼児数を加えること。 (以下「総乳幼児数」という。) c 常時、保育に従事する者が、複数配置されるものであること。主たる開所時間を超える時間帯については、現に保育されている乳幼児が1人である場合を除き、常時、2人以上の保育に従事する者を配置すること。	(回答不要) (回答不要) 左記Cについて (実施 ・未実施)	・主たる開所時間において、月極め契約乳幼児数に対して保育従事者が不足していないか。 ※指導監督調書 2(2)①参照 ・主たる開所時間において、総乳幼児数に対して保育従事者が不足していないか。 保育従事者が不足するような場合には、乳幼児の受入を断るよう指導を行うこと。 ※指導監督調書 2(2)②参照 ・契約乳幼児の在籍時間帯に保育従事者が1人で勤務する時間帯が発生していないか。 (主たる開所時間を超える時間帯について、現に保育されている乳幼児が1人である場合を除く。)		- / ○ ○ / - - / ○		
	(2) 有資格者の数 [考え方] ここでいう有資格者とは、保育士又は看護師の資格を有する者をいう。 ただし、少人数の乳幼児を保育する施設等において、保育の実態を勘案して幼稚園教諭免許取得者や都道府県等が実施している研修の受講者等について、都道府県知事が保育士に準じた専門性や経験を持っていると判断することも差し支えない。	有資格者の数が保育従事者の必要数の3分の1以上いるか。 a 月極契約乳幼児数に対する有資格者の数 b 総乳幼児数に対する有資格者の数 ※ 有資格者の算出に当たっては、小数点1桁を四捨五入する。	(回答不要) (回答不要)	・月極契約乳幼児数に対する保育従事者数について、有資格者が不足していないか。 ※指導監督調書 2(2)①、(3)参照 ・総乳幼児数に対する保育従事者数について、有資格者が不足していないか。 保育従事者が不足するような場合には、乳幼児の受入を断るよう指導を行うこと。 ※指導監督調書 2(2)②、(3)参照		- / ○ ○ / -		
	(3) 保育士の名称	a 保育士でない者を保育士又は保母、保父等これに紛らわしい名称で使用していないか。	左記aについて ・使用している ・使用していない	・左記の事項に違反がないか。		- / ○		

索引

英数字

SIDS　えすあいでぃーえす……………… 128
STマーク　えすてぃーまーく……………… 109
NPO法人　えぬぴーおーほうじん……………… 31

あ

赤い羽根共同募金助成金　あかいはねきょうどうぼきん
　　　　　　　　　　　　　　　……………… 36
安全確保　あんぜんかくほ……………… 121
ウェブ媒体　うぇぶばいたい……………… 69
衛生管理　えいせいかんり……………… 118
園児用下駄箱　えんじようげたばこ……………… 60
屋外遊戯場　おくがいゆうぎじょう……………… 109
おもちゃ……………… 62

か

開業届出　かいぎょうとどけで……………… 65
火災報知機　かさいほうちき……………… 91
風邪　かぜ……………… 126、127
家庭的保育者補助者基礎研修
　　かていてきほいくしゃほじょしゃきそけんしゅう… 29
紙媒体　かみばいたい……………… 66
仮認定NPO　かりにんていえぬぴーおー……………… 36
玩具安全基準　がんぐあんぜんきじゅん……………… 109
感染症　かんせんしょう……………… 126
感染防止　かんせんぼうし……………… 104
企業内保育園　きぎょうないほいくえん……………… 11
逆性石鹸　ぎゃくせいせっけん……………… 104
虐待　ぎゃくたい……………… 112
給食　きゅうしょく……………… 118
給食業者　きゅうしょくぎょうしゃ……………… 86、119
給食費　きゅうしょくひ……………… 22
緊急連絡表　きんきゅうれんらくひょう……………… 115
痙攣　けいれん……………… 123
見学　けんがく……………… 72、116
健康管理　けんこうかんり……………… 121
健康診断　けんこうしんだん……………… 124
健康報告書　けんこうほうこくしょ……………… 124
誤飲　ごいん……………… 147、148
個人情報　こじんじょうほう……………… 70、110
コスト削減　こすとさくげん……………… 54
子どもゆめ基金　こどもゆめききん……………… 36
献立　こんだて……………… 119

さ

自園調理　じえんちょうり……………… 86、87
事業計画　じぎょうけいかく……………… 50
事業所内保育施設　じぎょうしょないほいくしせつ
　　　　　　　　　　　　　　　……………… 11
施設賠償責任保険
　　しせつばいしょうせきにんほけん……………… 150
死亡事故　しぼうじこ……………… 138
準耐火建築物　じゅんたいかけんちくぶつ……… 94
障害　しょうがい……………… 74、113
傷害保険　しょうがいほけん……………… 150
消火器　しょうかき……………… 91
小規模保育　しょうきぼほいく……………… 2、23
食物アレルギー　しょくもつあれるぎー
　　　　　　　　　　　　　　　……………… 74、119
新制度　しんせいど……………… 2、23
スタッフ……………… 81
設定保育　せっていほいく……………… 107
外遊び　そとあそび……………… 108

た

耐火建築物　たいかけんちくぶつ……………… 94
待機児童　たいきじどう……………… 9
治癒証明書　ちゆしょうめいしょ……………… 122
調理室　ちょうりしつ……………… 86
チラシ……………… 66
手洗い場　てあらいば……………… 86
デイリープログラム……………… 104
出入口　でいりぐち……………… 56
手作り　てづくり……………… 60
テナント……………… 42
転落防止設備　てんらくぼうしせつび……………… 94
トイレ……………… 86、96

投薬依頼書　とうやくいらいしょ
　　………………………………………… 126

な

内装　ないそう ………………………… 47
日本政策金融公庫　にほんせいさくきんゆうこうこ
　　…………………………………………… 52
入園案内　にゅうえんあんない ……… 73
乳児　にゅうじ ………………………… 88
乳児室　にゅうじしつ ………………… 88
乳幼児突然死症候群
　　にゅうようじとつぜんししょうこうぐん …… 128
認可外保育園　にんかがいほいくえん …… 10
認可外保育施設　にんかがいほいくしせつ …… 10
認可外保育施設指導監督基準
　　にんかがいほいくしせつしどうかんとくきじゅん … 11、80
認可外保育施設設置届
　　にんかがいほいくしせつせっちとどけ ……… 63
認可外保育施設変更届
　　にんかがいほいくしせつへんこうとどけ …… 64
認可保育施設　にんかほいくしせつ ……… 9
認定NPO　にんていえぬぴーおー …… 36
認定保育室　にんていほいくしつ …… 13
熱中症　ねっちゅうしょう ………… 108
ネット広告　ネットこうこく ………… 69
ノロウイルス ………………………… 104

は

賠償責任保険　ばいしょうせきにんほけん …… 150
発育チェック　はついくちぇっく ……… 123
バルコニー ……………………………… 94
非常口　ひじょうぐち ………………… 91
避難階段　ひなんかいだん …………… 96
避難訓練　ひなんくんれん …………… 92
備品　びひん …………………………… 55
ピューラックス ……………………… 104
フェンス ………………………………… 61
負傷事故　ふしょうじこ …………… 138

フランチャイズチェーン …………… 12、76
フリーペーパー ………………………… 66
分園　ぶんえん ………………………… 10
便所　べんじょ …………………… 86、96
保育計画　ほいくけいかく ………… 103
保育室　ほいくしつ ………… 44、55、86
保育従事者　ほいくじゅうじしゃ … 11、85
保育所　ほいくじょ …………………… 10
保育所保育指針　ほいくじょほいくししん
　　………………………………… 101、111
保育ママ　ほいくまま ………………… 24
保育料　ほいくりょう …… 10、18、29、50、133
防火設備　ぼうかせつび ……………… 91
ホームページ …………………………… 69
募集　ぼしゅう ………………………… 66
ポスティング …………………………… 67
保父　ほふ ……………………………… 85
保母　ほぼ ……………………………… 85
ボランティア …………………………… 37

ま、や、ら、わ

満年齢　まんねんれい ………………… 82
水遊び　みずあそび ………………… 108
面談　めんだん ………………………… 74
融資申込　ゆうしもうしこみ ………… 52
誘導ロープ　ゆうどうろーぷ ……… 108
幼稚園教諭　ようちえんきょうゆ … 16、83
リスク管理　りすくかんり ………… 137
立地　りっち …………………………… 42
流行性胃腸炎　りゅうこうせいいちょうえん … 104
レイアウト ……………………………… 56
連絡帳　れんらくちょう …………… 114
労災保険加入手続　ろうさいほけんかにゅうてつづき
　　…………………………………………… 65
ロタウイルス ………………… 104、123

あとがき

　本書をお読みいただきありがとうございます。ここまで読んだあなたは、たぶん保育事業への参入を真剣に考えていると思います。それでもほとんどの人は、行動を起こさずに終わってしまうでしょう。しかし起業家は、ここで更に一歩踏み出します。それは実際に現場を視ることです。

　私が代表理事を務めているNPOつくばハーモニーは、ラ・フェリーチェ保育園の運営と共に保育事業をはじめようとする人の支援事業を行っています。もちろん、本書をお読みいただいた方の視察は大歓迎です。「百聞は一見に如かず」先ず現場を見て、疑問をぶつけてください。

　そのうえで保育事業への参入を決断する方には、本園での実地研修受講も可能です。研修は、NPO法人の非営利事業として参加者には実費負担をお願いしています。ただし受入は、面談のうえ決めさせていただきます。

　判断基準は、これまでの人生経験の中で自分なりの成功体験はあるか。子育て経験のある方は、自分の子育てに自信がもてるか。そして喫煙しないことの三点です。成功体験は、人に自信をもたらし保護者からも信頼されます。子育てに自信がある人は、子どもとのコミュニケーション能力が高く保育者に最適です。また禁煙は、保育者としての常識です。最低限これらがクリアできないと成功は覚束ないということです。

　なお、視察を希望する方は、事前にメール（info@t-harmony.or.jp）か電話（029-875-7831）でご連絡ください。電話の場合は、平日の午後1時から2時にお願いします。

　最後にあなたのつくる保育園が子どもたちとあなたとスタッフとその全ての家族に幸をもたらすことを御祈念いたします。

子どもの笑顔と安定経営が両立する
保育園の作り方

2014年3月10日　初版発行
2021年1月2日　6刷発行

著者　　　　　髙橋晃雄(たかはし　あきお)
編集　　　　　株式会社新紀元社 編集部
デザイン・DTP　株式会社明昌堂

発行者　　　福本皇祐
発行所　　　株式会社新紀元社
　　　　　　〒101-0054　東京都千代田区神田錦町1-7 錦町一丁目ビル2F
　　　　　　TEL：03-3219-0921
　　　　　　FAX：03-3219-0922
　　　　　　http://www.shinkigensha.co.jp/
　　　　　　郵便振替　00110-4-27618
印刷・製本　　株式会社リーブルテック

ISBN978-4-7753-1218-6
定価はカバーに表示してあります。
Printed in Japan